Start making money in statistical analysis from age 30!

使えないとアウト！
30代からは統計分析で稼ぎなさい

蛭川 速

明日香出版社

はじめに

　ビジネスで最も大事なことは、PDCA を回すことだと私は考えています。
　PDCA とは、Plan（計画）、Do（実行）、Check（評価）、Act（軌道修正）の頭文字をとったマネジメントのフレームワークです。PDCA のうち、とりわけ重要なのは D と C です。
　D（実行）が重要なのは言うまでもありませんが、意外と計画だけ作って実行されずに、放置されているケースは少なくありません。
　また、D だけでも進歩はありません。事前に計画・予見したことが実現できたのか、しっかり評価をすることが重要です。やりっ放しにしてしまっては進歩はありません。何ができて、何が悪かったのか、しっかりと評価する（C）ことが大切なのです。

　PDCA が重要なことは、新入社員でも知っていることですが、意外と企業活動で行われていないのが実情です。
　その原因について、私は C のやり方が悪いのではないのかと考えています。
　C を主観的に行うと、声の大きな人、役職の上の人の感性によって評価がなされます。主観的な評価は、不公平を感じさせたり、納得できなかったりします。C は客観的に行われなければなりません。客観的に事実を捉え、論理的に評価することで、説得力を持たせることができます。
　客観的に事実を捉えること、それは数字を使って説明するこ

とで驚くほど簡単に行うことができるのです。

　数字と聞くと拒否反応を示す人がいますが、難しく考えることはありません。数学ではなく、数字の読み方を学べばよいのです。

　分析とは数字を読み、そこから何が言えるのかを考えることです。きちんと分析できるようになることが重要と考えています。本書では最低限の統計知識を使った数字の読み方を解説しています。

　第1章ではビジネスパーソンとしての基本的な数字の扱い方について触れています。第2章では難解な統計知識を得なくともカンタンに分析できる手法を紹介しています。第3章ではマーケティング活動で使える分析方法を、第4章では事業戦略の構築に役立つデータ分析を実例をもとに解説しています。

　ビジネス現場での活用方法をまず知りたい方は第3章、第4章から読み始めてください。基本からじっくり学びたい方は1ページ目から順に読み進めてください。全部読んでいただけるともちろん嬉しいですが、興味のある所だけでも読んでいただき、皆さんのビジネス活動のブラッシュアップに貢献できれば幸いです。

　数字に対する抵抗感を払しょくして、ビジネススキルを向上させていきましょう。

はじめに 3

第1章 ビジネスは統計で語れ!

01 ▶ できるビジネスパーソンは統計データを自在に操る
- **1** 大事なのはデータをどう読み、活用するか 12
- **2** 数学レベルの知識は不要 15
- **3** 事実は比較によって浮き彫りになる 19
- **4** 使える数字と使えない数字 24
- **5** ビジネスの構造は統計データで説明できる 26

02 ▶ 統計データの効用
- **1** 事実を客観的に把握することができる 28
- **2** 仮説を構築し、思考スピードを高速化することができる 30
- **3** 精度の高い意思決定を行うことができる 33

03 ▶ 統計の基本を知ってビジネスシーンで活用する
- **1** 平均値に騙されるな! 36
- **2** データのバラつきに着目する 41
- **3** 相関関係を掴む 45

04 ▶ ビジネスパーソンが知っておきたい統計指標
- **1** マクロの統計データを押さえる 50
- **2** 人口関係の重要な数字 52
- **3** 経済関係の重要な数字 62

第2章 統計データを読み込み インサイトを探索する

05 ▶ 顧客のインサイトを把握する
1. 仮説検証を繰り返し、重要な事柄を見出す 71
2. 特徴的な Fact に着目しデータの意味することを考える（Finding） 77

06 ▶ 過去のデータから将来を予測する
1. 長期時系列のデータは未来を指し示す 79
2. 関連のあるデータを探索し、将来を予測する 81
3. 相関分析を活用し仮説を検証する 86
4. Excelの近似曲線を活用する 90

07 ▶ 全体を細分化して中身を読み解く
1. 分析とは「分けてわかる」ための実践手法 93
2. どのように分解するか（分類軸の選定） 94
3. 比較するためのデータ加工方法 99

08 ▶ レート・シェア分析で特徴を見出す
1. 特化係数の計算 103
2. 拡大係数の計算 105

第3章　確率思考を
　　　　マーケティングに活かす

09 ▶ 市場の構造を客観的に把握する

1 市場規模の推移とライフサイクル　113

2 ABC分析　116

3 パレート分析　119

10 ▶ マーケティングファネルを活用して伝達価値を最大化する

1 お客様の意識プロセスは、ファネル構造にある　121

2 ファネル構造を数字で押さえる　123

3 ボトルネックの発見と要因分析　127

11 ▶ 定量データを活かして営業パフォーマンスを最大化する

1 数値管理で確度を上げる　130

2 売上を分解して課題を設定する　134

3 勝利の方程式を作成し、実行計画に落とし込む　137

12 ▶ 市場規模を予測する

1 市場規模推定の方法　141

2 シンプルな予測式で推定する　143

3 モデル式から推定する　145

4 複数の情報を組み合わせて推定する　146

13 ▶ 新商品の受容性を定量的に検証する

1 調査の設計　149

2 アンケート票の作成　152

3 設問の設計と選択肢の作成　155

4 分析方法と結果の読み方　157

14 ▶ 売上予測の公式を見つける

1 予測の数式を複数立てる　160

2 セグメント別に積み上げ、売上予測の精度を上げる　163

第4章　統計データをフル活用して事業戦略を構築する

15 ▶ 統計データを集める

1 業界データの収集　167

2 初期仮説を設定し、データ収集時間を効率化する　171

16 ▶ 客観データから変化要因を掴む

1 PEST分析と5Forcesの正しい使い方　177

2 Factデータをもたらす環境変化要因を探索する　179

3 顧客に影響を与えるマクロ環境情報の収集　181

4 顧客を巡る変化から隠れたビジネスチャンスを見つける　184

5 競合企業の動向を探る　188

17 ▶ 業界共通の課題を見出す

1 環境変化にどのように立ち向かえば良いか　191

2 課題の表現方法　193

18 ▶ 自社のマーケティング課題を設定する

1 業界課題に対して自社の強みでどう適応するか　195

2 弱みが脅威とならないためにやるべきこと　198

19 ▶ 戦略を立案する

1 戦略の基本パターンは3つある　200

2 任天堂の戦略展開　203

おわりに　205

◎ カバーデザイン　ISSHIKI

◎ 図表　末吉喜美、田島美典

第1章

ビジネスは
統計で語れ！

▶01 できるビジネスパーソンは統計データを自在に操る

1 大事なのはデータをどう読み、活用するか

　ここ数年、流行り言葉のように耳にするキーワードに、「ビッグデータ」や「データサイエンティスト」があります。

　インターネットが普及したことによって、いつでも誰でもどこからでもデータを収集することができるようになりました。そしてモノのインターネットと呼ばれるIoTによって、街中で飲食店のセール情報を受け取るシステムや、ポットによる独居老人の見守りサービスなど、あらゆるモノの動きがデータ化され生活を便利なものにしています。

　いまやビジネスで必要なデータを収集することは難しいことではありません。以前は情報を収集するには政府刊行物センターや国会図書館などに足を運ばなければいけませんでしたが、今ではパソコンやタブレット端末、スマホのGoogle検索ボックスに知りたいことを入力すれば誰でも情報にアクセスすることができます。

　<u>問題は集めた情報をいかに活用するか、そのためにデータをどう読んだら良いのか</u>、ということにあります。

　データサイエンティストは高度な統計知識や数学的な知識を持ったスペシャリストですが、彼らの仕事は大量のデータから収益に結びつく可能性の高い「気づき」を発見し具体的な施策へつなげることにあります。ただ、こうしたプロフェッショナルな職

業でなくても、一般のビジネスパーソンがビッグデータや統計データの恩恵にあずかることは充分可能です。

例えば、食品メーカーの営業担当者A君の場合、顧客であるスーパーマーケットのバイヤーを訪問する際には、最近話題になっている共稼ぎ世帯の主婦の意識や、ショールーミングなどの話題性ある購買行動に関する情報を提供しています。

有職主婦は半数程度が週1回以上惣菜を利用

惣菜を週1回以上購入する割合は有職主婦が47%、専業主婦が39%となっており、また、惣菜購入者のスーパー、デパート、コンビニでの平均購入回数は、有職・専業主婦ともにスーパーが最も多く、それぞれ1.67回／週、1.52回／週となっています。

スーパーで買う理由、有職主婦は価格より品揃え

スーパーでの惣菜購入理由は、専業主婦は「価格が安い（36%）」が最も高くなっていました。一方、有職主婦は「品数や種類が豊富（38%）」、続いて「価格が安い（34%）」となっており、価格よりも品揃えを重視している様子が伺えました。

店頭で見て、思わず買ってしまう専業主婦

惣菜を利用するときとして、有職主婦は「仕事や外出などで手作りする時間がないとき（60%）」が圧倒的に高く、惣菜を時短目的で利用している様子が伺えました。一方、専業主婦は「店頭で見ておいしそうだったとき（36%）」が有職主婦より10ポイント高くなっていることから、惣菜を衝動買いしやすい傾向にあることがわかりました。

（日清オイリオ生活科学研究グループレポートより　2014年12月調査実施）

こうした情報の提供は、顧客との話題作りに活かせるだけでなく、顧客が困った時や新たな取り組みをする際に相談に乗ってもらいたいと感じさせ、顧客との良好な関係構築に役立ちます。

　この春に人事部の主任に配属になったBさんも、最近の学生の就業意識に関するデータを収集し、優秀な人材を確保するために活用しています。

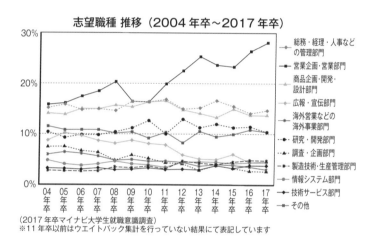

（2017年卒マイナビ大学生就職意識調査）
※11年卒以前はウエイトバック集計を行っていない結果にて表記しています

　このような学生の意識をデータで持つことによって、長く厳しい採用活動の中でどのような学生にアプローチしたら良いのか道筋をつけることができます。
　A君やBさんに特殊なスキルがあるわけではありません。どのようなデータが仕事の役に立つのかを把握しており、常にアンテナを張っているのです。そうした<u>情報に対する感度と最低限の基本的な統計知識</u>さえあれば良いのです。

2 数学レベルの知識は不要

「数字」をビジネスで活用するのに「数学」は、必要ありません。

ビジネス数字の多くは「足す」「引く」「掛ける」「割る」こと、すなわち「算数」レベルで充分活用することができます。ビジネスでよく出てくる「数字」の算出方法について具体例を交えて説明していきます。皆さんのビジネス数字に対する抵抗感を和らげていきたいと思います。

四則演算（＋，－，×，÷）で解決

皆さんは「数字」が好きですか？　どうしても、二次関数や微分積分といった難しい分野をイメージしてしまい、苦手意識を持っている人は多いようです。

もちろん設計や開発業務、品質管理など物理や統計を活用した業務においては、それらの知識や学問が必要な場合もあります。ただ一般的なビジネスにおいて、多くの部署で扱う「数字」とは全くの別ものと言えます。

ビジネスで必要な「数字」は四則演算、すなわち「足す」「引く」「掛ける」「割る」こと、いわゆる**算数レベルで充分**なのです。

学問としての「数学」ではなく**「数字」の活用方法、加工方法が大事**なのです。

それでは四則演算、それぞれの役割を認識することから始めていきたいと思います。

四則演算			
＋	（足す）	・・・	合計を出す
－	（引く）	・・・	差を把握する
×	（掛ける）	・・・	効率よく合計を出す
÷	（割る）	・・・	質を測る

「＋（足す）」

小学生が最初に習う計算方法です。数字活用の基本となります。ビジネスでは、例えば以下のように使います。

毎月のクレーム電話の件数を足しあげます。

日	クレーム件数
１日	３件
２日	５件
３日	１０件
・	・
・	・
・	・
３１日	５件
月合計	**１２５件**

１日から31日までのクレーム件数を足すと、この月の合計は125件となります。この場合、営業日数全てのクレーム件数を足していきます。足し算は単純ですが、最も基本となる計算方法です。

１日に３件のクレームがあり、２日は５件のクレームという個別の数字だけでは、あまり意味のないものも、週や月で合計する

ことでクレームの大きさを把握することができます。

さらに来月のクレーム数を集計したものと比較することで、改善度合いを測定することもできます。「足し算」は数字を活用する上での基本となります。

「－（引く）」

差を把握し、状態を認識します。差を把握することで現状を認識することができます。

例えば、今月の社員の遅刻回数を先月と比較します。

今月の遅刻回数が30回、先月の遅刻回数が45回だった場合、先月45回－今月30回＝15回（今月は先月よりも15回減少したとなり、遅刻撲滅運動の成果が上がった）などと活用します。

差を求めることで、物事や行動の良し悪しを把握することができるのです。

売上高からかかった経費を差し引いたものが、利益となります。1年間など一定の期間中にどの程度の儲け（利益）を上げることができたかということは、企業の価値を表す最もわかりやすい指標となります。

その場合の数式は、売上高－経費＝利益　となります。

「×（掛ける）」

「＋」の応用版で、効率よく合計を出す計算方法です。

例えば3万円のA商品が、1000個売れたとします。

3万円×1000個＝3000万円

九九（くく）がわかっていれば、暗算でもできる簡単なことですね。

「÷（割る）」

割り算はビジネスで最も活用範囲が広い計算方法です。物事や行動の質を測る方法です。

例えば工場の不良品を撲滅しようと、工場別の不良品の数を集計しようとした時に、それぞれの工場の生産能力を考えずに集計してもあまり意味がありません。

P工場はひと月の不良品が5個、Q工場は10個であったとします。この数字しかわからない状態では、Q工場の方が、不良品が多いということになります。ところがP工場はひと月当たり10個の製品を生産し、Q工場では100個生産している。こうなると話は変わってきます。

	P工場	Q工場
ひと月の不良品数	5個	10個
生産能力（ひと月の生産個数）	10個	100個
不良品率(%)	50%	10%

それぞれの工場の不良品率（生産個数に占める不良の数）は、
P工場＝**不良品5個÷生産数10個＝50%**
Q工場＝**不良品10個÷生産数100個＝10%**
となり、Q工場の方が正確に生産していることがわかります。

単純に不良品の数だけでは、公平な比較はできません。
このように「÷（割る）」は母数（実数）の差が大きいもの同士を比較する場合に活用することができます。

以上のように、ビジネスで活用する「数字」は算数レベルで充分、計算そのものは何も難しいことはありません。

　大事なのは、数字を使ってどのように計算するか、ということなのです。

3　事実は比較によって浮き彫りになる

　「事実を把握する」には、事実からどのような知見を見出すか、ということがポイントとなります。

　例えば、身長175cmの男性がいた場合、175という数字をどう評価するかということです。

　男性が小学生であれば、「非常に身長が高い男の子」と言えます。しかしプロバスケットボール選手であれば「小柄な選手」となります。

　評価は、何と比較するのかによって正反対の意味にもなり得るのです。

　事実を把握する際に、重要なのは何と比較するか、ということです。比較対象がなければ数字を評価することはできません。「数字」を読むということは、何かと比較をして初めて価値があるのです。ですから比較する対象を探すことが重要なポイントとなります。

　とはいえ、難しいことはありません。皆さんも比較は日常的に行っていることです。

例えば、自分の給料が高いのか低いのかを判断する時には、あなたの会社が属している業界平均の給与や、あなたの年代の人達の給与平均、例えば20代の平均給与と比較しているはずです。
　また実数（母数）が異なる場合には、比率を算出することによって比較の結果を読みやすくします。
　例えば、あなたの勤務する工場の部品欠品数が多いのか少ないのか判断する時には、欠品率を比率として算出します。そして前年の欠品率や、自社他工場のそれと比較することで、自工場の欠品率の良し悪しを判断していきます。

　ここで「比率」について説明しましょう。比率には、「構成比」と「相対比」があります。

構成比
　構成比は全体に占める割合のことを言います。
　前述の不良品率も構成比の一種です。生産個数に占める不良品の比率を表しています。
　構成比は％（パーセント）、百分比で表します。
　他にも、集団における男女の比率や、所有率なども構成比です。顧客満足度も全体の中に占める「満足している人」の比率を構成比として算出しています。
　比率の中でも最もよく使われているのが構成比と言えるでしょう。

相対比

相対比は構成比よりも聞いたことのない人が多いかもしれません。相対比は、単位当たりの比率を表します。

例えば
・人口1000人当たりのコンビニエンスストアの店舗数
・社員1人当たりの売上高
などです。

相対比は、母数（実数）の大きさが異なり、そのままでは比較できない時に効力を発揮します。

人口が多いところにコンビニエンスストアは出店することが多いので、そのエリアにおいてコンビニエンスストアが沢山あって便利かどうかを判断するには、コンビニエンスストアの母数だけを比較したのでは、正確な比較ができない場合があります。その場合には人口当たりどれくらいの店舗数があるのかを算出して比較します。

	意味	計算式	例
構成比	全体に占める部分の比率	構成比＝ 部分÷全体×100%	高齢者率＝ 65歳以上の人口÷全人口
相対比	単位当たりの比率	相対比＝ 全体÷個数（単位）	成人1人当たりアルコール消費量＝ 県内アルコール消費金額÷ 県内成人数

構成比の活用法

次の表を見てください。

売上高100億円のアサヒ建設と、120億円のイワサキ興業は

どちらが良い会社でしょうか。

　売上高だけで判断すると、イワサキ興業の方が良い会社ということになりそうです。では利益金額を加味するとどうでしょうか。

	アサヒ建設	イワサキ興業
売上高	100億円	120億円
営業利益	20億円	20億円

　こうなると話は変わってきます。一見すると営業利益は同じ20億円ですので、優劣の判断がつかないかもしれません。あるいは売上高、営業利益ともに多い、イワサキ興業の方が優秀と判断する人もいるかもしれません。

　しかしビジネスでは、同じ利益金額を出すのであれば、「少ない売上であるアサヒ建設の方が経営効率が良い」と考えることが一般的です。それだけ経営のやり方が上手いということになるのです。

　売上規模の異なる会社の比較をする際には、利益率（売上高に占める利益の構成比）を算出することで、優劣を判断することができます。

　ここで登場するのが「÷（割り算）」です。
　営業利益率（％）は、営業利益額÷売上高×100で算出します。

	アサヒ建設	イワサキ興業
売上高	100億円	120億円
営業利益	20億円	20億円
営業利益率	20÷100=20%	20÷120=16.6%

　アサヒ建設の方が営業利益率が高く、経営効率が優れていると判断します。

相対比の活用法

　前述のように比較することはビジネス数字を扱う上で、最も重要です。

　ところが、ビジネスの数字をそのまま使って差がわかるものはあまりありません。

　比較するには、母数の差異をならすことが必要となるからです。

　例えば東京都と北海道の自動車の数を母数（絶対数）で比較すると人口が多い東京都の方が多くなります。人口が多いので当たり前と言えば当たり前です。ただ自動車が普及しているかどうかという意味では正確な比較とは言えません。

　そこで人口1人当たりの保有自動車数を比較することで、どちらの方がより自動車が普及しているか判断することができます。

	東京都	北海道
保有自動車数（乗用車）	3,145,061 台	2,789,128 台
人口	13,514 千人	5,384 千人
人口1人当たり保有自動車数	0.23 台	0.52 台

＊一般社団法人自動車検査登録情報協会　平成 28 年 5 月末日
＊人口は平成 27 年国勢調査人口速報集計結果より

　数式は、人口 1 人当たり保有自動車数＝ 保有自動車数（乗用車）÷ 人口　となり、北海道の方が普及していることがわかります。これが相対比です。

　このように、構成比と相対比といった「比率」を使うことで、適切な評価を導くことができるのです。

4　使える数字と使えない数字

　インターネットに掲載されている情報には、いい加減な数字や信憑性の低いものも存在します。
　そうしたウソ情報、怪しい情報を回避してビジネスに使えるデータを探索するには、3 つのポイントがあります。
　① 適切な人が回答したものであるのか
　② 適切な時期に収集されたものであるのか
　③ 適切な質問から得られたデータであるかどうか

①は、答えた人が適切か、ということです。

調査回答者の構成が、結論を導き出したい集団を反映したものになっているかどうかを確認します。

例えば20代女性の購買行動を把握するのに、20代の既婚者だけに質問したのでは充分とは言えません。

20代前半女性の未婚率は約9割、20代後半の未婚率は約6割ですから、既婚者は20代女性の半数にも満たしません。既婚者だけに質問した情報では20代女性全体の購買行動を把握することにはなりません。調査サンプルが対象となる集団の縮図になっていなくてはなりません。

またあまりにも少ないサンプルでは、回答した人が「たまたま」そうであった、という懸念があります。

平均値や構成比を算出し分析に用いるのには、一定数以上のサンプルが必要となります。サンプルサイズ100未満の統計データは注意が必要です。

②は、あまりにも古い調査時期の統計データは使い物にならないという意味です。調査時期によって回答の傾向が異なるからです。

例えば2008年リーマンショックの前と後では、消費意欲は異なります。東日本大震災の後には節電志向が強まりました。現状を把握するには可能な限り最新のデータを収集すべきです。

③は、聞き方によって回答が大きく異なる場合があるということです。設問の文章によっては回答を誘導できるからです。

例えば、以下のような設問は回答結果に大きなバイアスを与え、回答を自社の都合の良い結果に誘導しています。

「皆様の生活をより豊かなものにするために、良いモノをより安くご提供しているAスーパーのイメージとして当てはまるものを選んでください……」

こうした設問によって「良いモノを安く提供している」という回答を実際よりも増加させることができます。

≪価値あるデータの見分け方≫

対象者	代表性	サンプル属性の構成比が母集団の縮図となっている
	サンプルサイズ	一定のサンプルサイズ（目安としては300サンプル以上）をもとにした調査であるか
調査時期(鮮度)		最新であること（可能であれば1年以内に実施したもの）
適切な設問であるか		故意に回答を誘導していない設問であること

価値あるデータに着目することで、データを有効に活用していきましょう。

5　ビジネスの構造は統計データで説明できる

売上高は客数と客単価に分解されます。数式で表すと、**客数×客単価＝売上高**となります。この数式が頭に入っていると、売上高を増加させるために何をすべきか考えることができます。

例えば昨年度の売上高と比較した時に、単に売上高だけを見

ていたのでは、どう対策を打ったらよいかわかりません。しかしこの数式が頭に入っていれば、売上高を増加させるには客数か客単価、いずれかを増やすことが施策として考えられます。

例えば下の表のように、昨年度よりも売上高が20%減となったケースの場合、原因は客数の減少と一目でわかります。

	売上高	客数	客単価
昨年度	1000万円	20人	50万円
今年度	800万円	16人	50万円

新規のお客様を増やす、離反したお客様を復活させる、既存のお客様の購買頻度を高めるといった、客数を増やすための方策が課題になります。

このように全体を分解して掛け算で表すことで、やるべきこと（課題）を明確にすることができるのです。

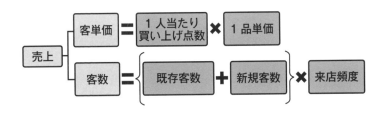

▶02 統計データの効用

　前のパートではデータを難しく考えなくても、ビジネスに活用できるイメージを感じていただきました。
　ここからは統計データを活用するメリット、効用について整理したいと思います。

1　事実を客観的に把握することができる

　「事実」を客観的に把握するには、ものごとを「数字」で表現することが必要です。
　「客観的に把握する」とは、誰が見ても同じ状況が目に浮かぶことを指します。
　「客観的」の反対は「主観的」です。「主観」は個人の考えですので、人によって捉え方は異なります。

　野菜売り場の担当者であるC君は、売り場でお客様から品切れになったトマトのご要望を何度か聞きました。
　そこから8月のトマトの販売個数が前月と比較して大きく伸びているように感じたので「トマトの売れ行きは絶好調です！」と上司に報告をしました。ところが上司からは「君の話は当てにならない」と言われてしまいました。
　上司であるD主任は、販売実績表を見て、2015年8月と比較

すると10個販売個数が少ないので、「今年はトマトの売れ行きが悪い」と判断しました。

C君は自分の感じたことをそのまま表現しました。これが主観的な事実の捉え方です。

一方でD主任はデータを使って客観的に事実を捉えています。

どちらの事実の捉え方がビジネスで通用するでしょうか。

主観的な感覚は、人によって「売れている」「売れていない」といった認識が異なります。

たまたまお客様から品切れに対するご要望をいただいたC君と普段は売り場に出ないD主任では感覚が異なるのです。

売れているとか売れていないというのは「定性的な表現」ですので、C君は上司と食い違った事態となってしまったのです。

こうした時には、以下のように販売実績を数表に整理して示すことで実態を正確に把握することができます。

	6月	7月	8月
2015年	300個	540個	700個
2016年	280個	535個	690個

ビジネスでは「定量的な表現」が望まれます。

数字を使うことによって事実を客観的に表現できることを確認してください。

2 仮説を構築し、思考スピードを高速化することができる

　仮説とは、「現時点で起こりうる確率が最も高い推論」のことです。

　ところで、顧客が商品を購入する理由は「わからないこと」が多いものです。デザインが気に入ったから、価格が予算内だったから、お気に入りのタレントが広告に出ているから、など色々考えられます。しかし実際のところは購入した本人ですらわかっていないことも少なくありません。

　かといって、「わからない」のままではビジネス上の対策を立てることができず、困ってしまいます。

　そこで「こんな感じになっているのだろう」「理由は恐らくこうだろう」といったように要因や状況を推測します。そして推測に基づいて施策を立てるのです。

　この、推測によって得られた状況や要因のことを「仮説」と言います。

　ここで注意しなくてはならないのは、仮説なんだから何でも良い、当てずっぽうで良いというわけではないということです。

　仮説をもとに施策を立てるわけですから精度（その通りになる確率）を高めなくてはなりません。

　そこで出番となるのが「数字」です。現状を客観的に捉えた「数字」を活用することで、精度の高い仮説を設定することができるのです。

　例えば、右のグラフを見てください。酒類の業界では日本国

内の酒需要が低減していることが懸念されています。

10年前の2004年度と比較すると、約9%も減少しています。

このように、まずは市場全体の状況を掴みます。

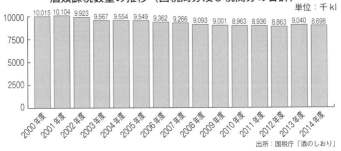

次に、その要因を考えるために性年代別の飲酒状況を探索します。

誰がお酒を飲まなくなったのでしょうか。

飲酒習慣者割合を収集すると男性20代（2004年と比較して8ポイントの減少）、30代（同8.5ポイント）、40代（同7.8ポイント）の減少幅が大きいことがわかります。

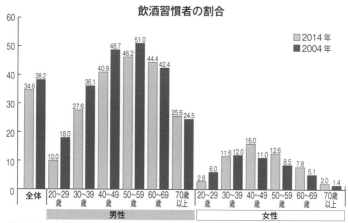

「飲酒習慣者」とは、週に3回以上飲酒し、飲酒日1日あたり1合以上を飲酒すると回答した者
平成26年国民健康・栄養調査より加工しグラフ作成

　ここでなぜ20代〜40代男性の飲酒習慣率が低下しているのかを仮説として考えていきます。

　1つには、景気が低迷しお酒にかけることができるお金が少なくなったということが考えられます。

　また職場の同僚や部下と飲み会を開くことがなくなったことも考えられるでしょう。

　インターネットが普及し飲酒以外の楽しみが増えたことが要因かもしれません。

　このように飲酒に関する事実を「数字」として収集、分析することによって、問題を解決するための糸口（仮説）を見出だすことが可能となるのです。

```
┌─────────────────┐   ┌─────────────────┐   ┌─────────────────┐
│ 酒需要は減少傾向 │ ▶ │ 飲酒頻度が低いの │ ▶ │ 何故20代～40   │
│ が続いている    │   │ は20代～40代   │   │ 代男性は飲酒頻度│
│ (2004年度比較で │   │ の男性         │   │ が低下したのか？│
│ 856千kl、9%    │   │ (2004年と比較して│   │                │
│ 減少)          │   │ 8ポイントの減少) │   │                │
└─────────────────┘   └─────────────────┘   └─────────────────┘
```

こうして筋道を立てて考えることによって、お酒の販売を増やすための施策につなげていくことができるのです。

3 精度の高い意思決定を行うことができる

ビジネスでは、つねに意思決定をしなくてはなりません。

「競合企業を買収するか否か」という大掛かりな意思決定もあれば、個人ベースで「今日の仕事は何から進めようか」とした小さな意思決定もあります。

先のことは誰にもわかりませんので、吉と出るか凶と出るか、決断した後は上手くいくことを祈るばかりです。

ただ「数字」を活用することによって、有効な意思決定に近づけることはできます。

例えば、広告部のあなたが新商品のテレビＣＭの出演タレントを検討しているとします。

この春にアイドルグループ「シロクロ」を卒業した25歳のかわいらしい女優Ａさんと、メジャーリーグで活躍し引退したばか

りのB選手のどちらにしようか意思決定を迫られているとします。

「数字」を使わなかった場合の定性的な意思決定では、以下のようになります。

「私は、実を言うとシロクロよりもBKBの方が好きです。シロクロはアイドルらしくない言動が目立つのできっと我が社の商品も同じように破天荒なイメージに映ってしまうと思います。それよりも確実に実績を残したB選手の方がきっとお客様から信頼されるに違いないと思うのです。」

感覚や感性による意思決定も時には効果を発揮しますが、合理的ではありません。
洗練されているかどうかも、人によって感じ方が異なります。
何よりも選択理由に説得力がありません。
ましてB選手を選んだ理由が「BKBの方が好き」とか「破天荒なイメージ」といった主観的なものでは、上司の理解を得ることはできないでしょう。

何名かで話し合う際にも、AさんにするかB選手にするか、決定するまで相当の時間を要してしまいます。

それに対して「数字」を活用した定量的な意思決定は、とても合理的なものとなります。

「お得意様にアンケートをとってAさんにするかB選手にするか、

判断材料を集めたところ、100人中、Aさんが30人、B選手が70人という結果でした。これよりB選手を採用したいと思います。」

　上司への報告も「我が社の商品をよく使ってくれているお得意様の視点では、B選手のイメージが好感をもたれたと考えられ70％の支持率で選ばれました」ということになり、上司もB選手決定に賛同するでしょう。
　そして新商品の販売増加も期待できます。

　このように数字を活用することによって有効な意思決定が可能となるのです。

▶03 統計の基本を知ってビジネスシーンで活用する

1 平均値に騙されるな！

足し算（合計）と割り算（平均）を使って事実を把握する

集団の特徴を数字で表すには四則演算のうち、加算（+）を使って合計額の比較をすることが最も簡単な方法です。例えば、支店別の営業成績を把握するには、月ごとに販売台数を加算し支店別の実績を把握します。

右の表はある自動車ディーラーの支店別の営業実績（月別）です。東京、大阪、名古屋における、ある月の営業実績を合計すると3支店とも51台の販売台数となりました。

営業担当者	東京
A	2
B	1
C	3
D	3
E	3
F	4
G	2
H	3
I	4
J	3
K	2
L	3
M	3
N	4
O	3
P	5
Q	3
合計	**51**

営業担当者	大阪
あ	5
い	1
う	1
え	1
お	1
か	1
き	1
く	2
け	4
こ	2
さ	2
し	5
す	5
せ	5
そ	5
た	5
ち	5
合計	**51**

営業担当者	東京
ア	1
カ	2
サ	3
タ	3
ナ	4
ハ	2
マ	3
ヤ	4
ラ	3
ワ	4
イ	5
ウ	5
エ	4
オ	4
キ	4
合計	**51**

このように営業実績は、足し算すれば容易に把握することができます。

ただ3支店ともよく頑張ったと言えるでしょうか？　名古屋支店は営業担当者の人数が2人少なく、単純に販売台数計で比較するのはフェアではないような気がします。そこで平均台数を算出します。ここでは各支店の販売台数計を営業担当者数で割り算します。

東京	
合計	51
営業担当者数	17
1人当たりの平均	3.0

大阪	
合計	51
営業担当者数	17
1人当たりの平均	3.0

名古屋	
合計	51
営業担当者数	15
1人当たりの平均	3.4

　名古屋支店の平均販売台数は3.4台ですから東京支店、大阪支店よりも頑張った、優秀な営業成績と言えるでしょう。
　このように平均値を算出することで実態に合致した「事実」を把握することができます。

平均値のデメリットを認識する

　前述のように平均値は誰もが知っている便利な指標です。母数の異なる集団同士でも、適正に比較することができます。
　ただ集団の特徴を適切に表しているかというと、必ずしもそうとは限りません。
　先ほどの自動車ディーラーの営業実績で、東京支店と大阪支店の販売台数別人数を計算すると右のようになります。

販売台数別人数	東京	大阪
1台	1	6
2台	3	3
3台	9	0
4台	3	1
5台	1	7

この表を見ると、東京支店も大阪支店も平均台数は3.0台と同じですが、営業担当者による販売台数の差（バラつき）という観点では大きく異なるのがわかります。

　東京支店は1人当たり平均台数と同じ3台販売した営業担当者が9名おり、2台以下の販売台数であった営業担当者と、4台以上の販売台数であった営業担当者がそれぞれ4名ずつというバランスがとれた構成になっています。

　対する大阪支店では1台しか販売できなかった営業担当者が6名もいる反面、5台も販売している営業担当者が7名います。

　さて平均値は同じ3.0台なのに、なぜこのような違いがあるのでしょうか？　それは「平均値」は単に全体のバランスをとる数値を計算しているのに過ぎないからです。

　東京支店の例で説明してみましょう。わかりやすくするために東京支店の元データを昇順（小さいものから大きいものへ並び替え）にしたのが右の表です。

営業担当者	東京
B	1
A	2
G	2
K	2
C	3
D	3
E	3
H	3
J	3
L	3
M	3
O	3
P	3
F	4
I	4
N	4
Q	5

そして販売した自動車の台数を営業担当者の横にブロックで表してみます。ブロックの1つは1台販売したという意味です。

1台販売するごとにブロックが横に増えていっているのを確認してください。そして現状デコボコしている色の濃いブロックを平らにしていく作業が平均値を求める計算がしていることなのです。

第1章 ビジネスは統計で語れ！

Bさんは1台しか販売していないので、Qさんの2台分（5-3）をもらいます。Aさん、Gさん、Kさんの3人も2台しか販売していないので、Fさん、Iさん、Nさんの1台分（4-3）をもらいます。

　するとデコボコのないきれいな長方形が見えてきました。

　平均とはこのような計算をしているので、デコボコ、すなわちデータのバラつきをなくしている作業なのです。

　ですから平均値から見えてくるのはデコボコのない平坦な数字となっているのです。

　ビジネスでは集団の特徴を表す指標として「平均」をよく使いますが、個々のデータのバラつきをならしてしまっている（見えなくしている）のが平均なのです。この例では販売台数のバラつき状況を見えなくしているのです。

営業担当者	大阪
い	1
う	1
え	1
お	1
か	1
き	1
く	2
こ	2
さ	2
け	4
あ	5
し	5
す	5
せ	5
そ	5
た	5
ち	5

大阪の販売実績データを見ると、より顕著にわかります。販売台数の少ない順にデータを並び替えると販売台数の少ない営業担当者の不足している販売台数を、4台以上販売しいている営業担当者の販売台数でならしているのがわかります。

ではそうした平均値のデメリットを補足するにはどうしたら良いでしょうか。

2 データのバラつきに着目する

集団のバラつきを把握するために、ヒストグラムという統計グラフで表します。

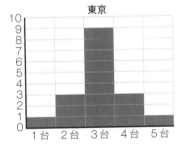
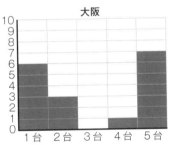

ヒストグラムは度数分布表とも言われ、中学校の授業でも習っているものです。

グラフを見ると東京支店は平均3台販売した営業担当者が9名おり、真ん中に集中していて左右対称のバランスの良い分布をしているのがわかります。

それに対して大阪支店では、平均値である3台を販売した営

業担当者は1人もいません。左右のバラつきが大きいことが良くわかります。

　ヒストグラムを作成することで視覚的に集団の状態を知ることができます。

　Excelなどの表計算ソフトを使用すると簡単に作図することができます。集団の特徴を知るために、まずはヒストグラムを作成してみましょう。

　さて平均値の特徴については良くおわかりいただいたと思います。その他にも集団の特徴を知る指標があります。ここでは平均値と並んで基本的な指標である中央値と最頻値について解説していきたいと思います。

　中央値は、読んで字のごとく集団の中央（真ん中）に位置する数値のことを指します。データを昇順（もしくは降順）に並び替えた時の丁度真ん中の値を中央値として読み取ります。

　先ほどのカーディーラーの事例で見てみましょう。

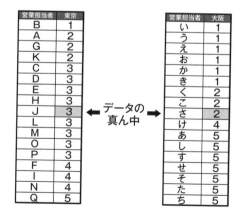

各データを昇順に並び替え、17名いる営業担当者の丁度真ん中に位置する9人目の数値を読み取ります。東京支店では「Jさん」の3台、大阪支店の「ささん」の2台が中央値となります。

　東京支店は平均値と同じ3台が中央値となります。ところが大阪支店の中央値は2台ということです。

　中央値を読み取ると、大阪支店は東京支店と比較して販売台数が少ない方に営業担当者が偏っていることを把握することができます。

　さらに集団の特徴を知る指標として、最頻値があります。最頻値は最も多くの人数が集まっている数字を読み取ります。カーディーラーの例を見てみましょう。

営業担当者	東京	
B	1	1名
A	2	3名
G	2	
K	2	
C	3	9名 ← 最頻値
D	3	
E	3	
H	3	
J	3	
L	3	
M	3	
O	3	
P	3	
F	4	3名
I	4	
N	4	
Q	5	1名

営業担当者	大阪	
い	1	4名
う	1	
え	1	
お	1	
か	1	2名
き	1	
く	2	3名
こ	2	
さ	2	
け	4	1名
あ	5	7名 ← 最頻値
し	5	
す	5	
せ	5	
そ	5	
た	5	
ち	5	

　昇順に並び替えたデータから販売台数ごとの人数を数えます。東京支店は3台販売した営業担当者が最も多く、9名となります。大阪支店は5台販売した営業担当者が最も多く、7名となります。

最も多くの営業担当者が販売した台数を最頻値として読み取ります。東京支店は3台、大阪支店は5台が最頻値となります。

　最頻値はどれくらい販売した人が多いかを表しますので、東京支店では平均的な販売台数3台の人が、大阪支店では最高販売台数の5台の人が、大勢を占めているということがわかります。

　最頻値を算出することで、大阪支店は優秀な営業担当者が多い支店であるということがわかります。

　このことは平均値からはわからないこと、消されてしまっている事実と言えます。

　平均台数は同じ3台ですが、中央値、最頻値を算出することで、東京支店と大阪支店の営業実績の実態の違いが良くわかったと思います。

　ヒストグラム上に中央値、最頻値を記してみると両支店の違いが良くわかります。

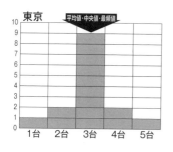
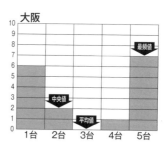

　東京支店のように、ヒストグラムで平均値を中心として左右対称にデータが分布し、平均値と中央値、最頻値が同一の値をとるデータを正規分布と言います。

世の中の数字が東京支店のように左右対称の綺麗な分布を示しているとは限りません。

大阪支店の分布のように、数字はバラついていることの方が多いのです。

そのため平均値だけを使って集団の特性を把握することには、無理があります。ヒストグラムで視覚的にデータを捉え、中央値、最頻値でどのような特徴があるのかを把握することが必要なのです。

3 相関関係を掴む

相関というキーワードはビジネス会話の中で良く用いられるものなので、聞いたことのある方も多いと思います。

統計的には2つのデータにおいて、一方のデータが他方のデータに、強く影響を与える関係にあることを「相関関係がある」と言います。

例えば、ある会社の営業部門のデータをとったところ、営業担当者の月間の顧客訪問件数が多いほど売上高が高く、訪問件数が少ない営業担当者ほど売上高が低いという傾向がみられたとします。このような関係がある場合に、月間訪問件数と売上高の間には相関関係があると言います。

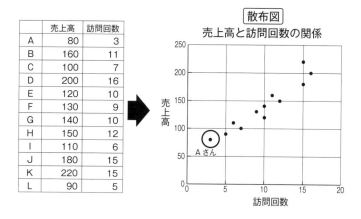

　相関関係は上の図のような数表にデータをまとめます。AさんからLさんは営業担当者です。それぞれの売上高と訪問回数がまとめられています。こうした数表を散布図というグラフに表した時に、データが右肩上がりの線上に集まっているのがわかると思います。このような散布図の形状にある時に相関関係があると判断します。

　ちなみに散布図には営業担当者12名全員が点で表されています。Aさんは訪問回数3回で売上高が最も低い80ですので、散布図の一番左下にプロットされています。

　自宅や塾など学校外での勉強時間が多い中学生ほど成績が良く、勉強時間が少ない中学生ほど成績が悪いという関係についても、同様に勉強時間と成績の間には相関関係があると言います。

　反対に1日にスマホ動画の視聴時間が多い中学生ほど学校の成績が悪く、視聴時間が少なくなるほど成績が良くなるという場

合も、1日のスマホ動画時間と成績の間に相関があると言えます。散布図では右肩下がりの直線上にデータは集まります。横軸が増えると縦軸の数値が減少します。

　前者の勉強時間と成績の関係を「正の相関がある」と言い、スマホ動画視聴時間と成績の関係を「負の相関がある」と言います。

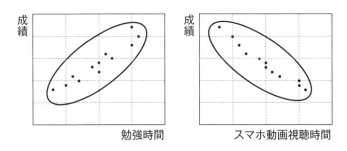

　ところで、相関関係は相関係数という指標で表すことができます。相関係数は-1〜1までの範囲にあり、相関係数が1に近づくと右肩上がりにデータが集中します。反対に-1に近づくと右肩下がりにデータが集中します。

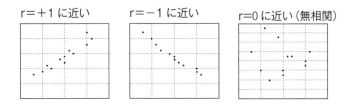

　そして、相関係数は＜r＞で表されます。ただ相関係数がどの程度あると相関関係があるという基準は統計的にはありません。

マーケティングの経験則としては絶対値が 0.4 以上あれば、相関関係があると見なしています。

rの数値（絶対値）
- 強い相関　・・・・・・・・　$1.0 \geq r \geq 0.7$
- やや強い相関　・・・・・・　$0.7 > r \geq 0.4$
- 弱い相関　・・・・・・・・　$0.4 > r \geq 0.2$
- ほとんど相関がない　・・・　$0.2 > r \geq 0$

この相関関係を活用するとビジネス施策の精度を向上させることができます。

スーパーマーケットやコンビニエンスストアでは、価格以外で商品の売上が増減する要素がいくつか存在します。気温や気候、天候、年間行事や地域の行事などです。

例えば、居酒屋で1日の平均気温とその日のビールの売上数のデータを集めて散布図を描くと右のようになります。

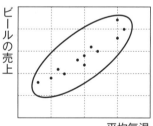

この関係に着目して、平均気温が高い日にはビールの割引キャンペーンを行うことで、より多くの集客が期待できます。

こうした売上に影響を及ぼす要素を「コーザルデータ」と言います。コーザル（causal）とは、「原因の」「因果関係の」と訳されます。

ですからコーザルデータとは売上と因果関係にあるデータという意味になります。
　コーザルデータに着目することで、小売店舗では品揃えを変更したり、特売を行ったりすることで、売上増加を実現することができます。
　気温が上がればアイスの売上は増加します。夏祭りの時期には浴衣や甚平の売上が増加します。こういった売上に影響を及ぼす要素として何が考えられるのか探索していくことが重要なのです。

　一方で、相関関係を活用する際には留意点があります。相関関係は単に2つのデータ間の関係を表しているもので、因果関係があるかどうかを別途見極める必要があるということです。

　食品スーパーではワインを購入した人がチーズを一緒に購入する比率が高いといわれています。この場合には「ワインとチーズ」には相関関係があり、かつ「ワインを飲もうと考えたのでチーズも一緒に買おう」という因果関係も成り立ちます。
　ところが、相関関係はあるが因果関係がないというものもあります。例えばゴール数の多いサッカー選手ほど朝食にオレンジジュースを飲んでいることがわかったとします。しかし、この場合にはオレンジジュースとゴール数には何ら因果関係はありません。オレンジジュースを飲むことでキックの精度が良くなるわけではないからです。
　このように、因果関係を見極めて相関関係をビジネスに活用していくことが求められるのです。

▶04 ビジネスパーソンが知っておきたい統計指標

1 マクロの統計データを押さえる

「数字力」を駆使してビジネスを効率的に進めていくには、覚えてしまった方が良い「数字」があります。

スマホが普及していますので、瞬時に調べることはできますが、頭の中に数字が入っていることでタイムリーに発想が広がり、創造的な思考が可能となります。他者と議論する際にもスピーディーな話の展開が可能となります。

例えば、新商品開発の対象をシニア世代として、新商品のコンセプトを開発しようとした時に、日本全国で元気なお年寄りがどれくらいいるのか、頭に入っているのとそうでないのでは大きな違いがあります。

65〜74歳のお年寄りは1700万人いて、そのうち介護を受けていない元気なお年寄りは95%もいます。

この数字を知らなければ、「お年寄り＝元気がない老人」と捉えてしまい、実態とはかけ離れた新商品を提供してしまう危険性があります。

数字を覚える際には注意すべき留意点が3つあります。

① 定義・計算式を押さえる

重要な数字や指標を覚える際には、数字そのものだけでなく、数字の根拠として定義や計算式も一緒に記憶しておきましょう。

正確に記憶できれば良いですが、概略だけでも充分です。

例えば、生産年齢人口とは、年齢別人口のうち、生産活動の中核をなす年齢の人口層を指します。15歳から64歳までの人口となります。

また国の経済力を測るGDPは国内総生産と訳され、日本国内で生産された製品の対価の合計と定義付けられます。そのため海外で生産された製品の対価は含まれていません。

平均寿命は、その年に生まれた人の平均余命という意味です。厚生労働省で発表している年齢別死亡率から、各年齢の男女があと何年生きられるかを示す平均余命のことです。0歳児の平均余命を平均寿命としています。

このように重要な「数字」や「指標」と合わせて定義や計算式を押さえることで、正しく「数字」を活用することができるのです。

② 時系列の推移から傾向を掴む

数字は現時点のものと長期的な傾向とを合わせて見ておくことで、思考の幅をより広げることになります。

先ほどの生産年齢人口は時系列で見ると減少傾向にあります。過去の実数を見る限り、今後も減少していくことが直感的にわかります。このまま減少傾向が進むとこれまでの経済規模を維持することが困難であることは誰の目にも明らかです。

現時点の数字がどれくらいなのか、過去から見た傾向はアップトレンド（上向き）なのかダウントレンド（下向き）なのかを把握することで、生きた「数字」を捉えることが可能となります。

③ 比較して数字の意味を捉える

覚えた「数字」が大きいのか、小さいのかを把握するには「比較対象」が必要です。

例えば日本の人口は現在1億2711万人です。2008年以降減少傾向が続いています。今後も減少していくことが予想されますが、他国もそうなのでしょうか？ アメリカは？ 中国は？ 世界的にはどうなのでしょうか？

このように探求心を持って「数字」を関連付けながら覚えていきましょう。

押さえておくべき数字として、人口面からと経済面から、2つの側面から整理してみました。
それぞれの定義を理解して数字を押さえておきましょう。

2 人口関係の重要な数字

人口はビジネス活動の基盤となるものです。

経済が発展していくか否かは、人口数によることが大きいと言えます。経済発展するには一定の人口数が必要で、その中身や推移を把握することは、市場を捉える上で重要な視点と言えます。

ここでは人口関係の数字について触れていきたいと思います。

① 人口

人口の定義は、現存する（調査時点で生存している）人の数ということです。調査時点に生存している人の数です。

我が国の人口は1億2711万人です（2015年）。

　国勢調査は、国内の人口や世帯の実態を明らかにするために行われている調査で、日本に住んでいる全ての人および世帯を対象としており、5年に1度調査が行われています。

　調査の対象となる人は、調査時点で3カ月以上日本に住んでいる人、および住むことが予定されている人です。従って海外赴任などで3カ月以上日本に居住していない日本人はカウントされません。また外国人も含まれます（ただし外国政府関係者とその家族、外国軍隊の軍事、軍属およびその家族はカウントされません）。

　平成27年の国勢調査では大正9年（1920年）の調査開始以来はじめての減少となりました。時系列のデータを合わせて取得しておくと日本の人口が減少トレンドに入りつつあるという状況を認識することができます。

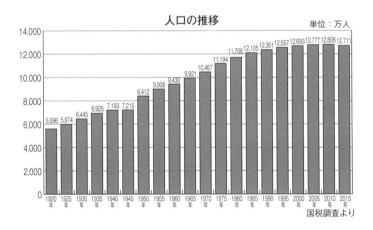

　日本の人口だけでは、1億27百万人が多いのか少ないのかが

わかりません。全世界の人口はどれくらいなのかが気になります。

世界の人口は、73億49百万人（2015年）で2010年の69億29百万人から増加傾向が続いています。

アメリカの人口は、3億22百万人（2015年）ですので、日本の約2.5倍の人口数です。アメリカも2010年に3億09百万人でしたので増加傾向が続いています。

中国は13億76百万人です。アメリカや日本と桁が1つ違います。このことから、中国やインドが経済的に注目されている理由がわかります。

	2015年（単位：100万人）			
順位	国（地域）	総数	男	女
	世界	7,349	3,707	3,642
	20位までの合計	(70.4%)	(70.8%)	(69.9%)
1	中国	1,376	709	667
2	インド	1,311	680	632
3	アメリカ合衆国	322	159	162
4	インドネシア	258	130	128
5	ブラジル	208	102	106
6	パキスタン	189	97	92
7	ナイジェリア	182	93	89
8	バングラディシュ	161	81	80
9	ロシア	143	67	77
10	メキシコ	127	63	64
11	日本	127	61	65
12	フィリピン	101	51	50
13	エチオピア	99	50	50
14	ベトナム	93	46	47
15	エジプト	92	46	45
16	ドイツ	81	40	41
17	イラン	79	40	39
18	トルコ	79	39	40
19	コンゴ民主共和国	77	39	39
20	タイ	68	33	34

総務省統計局「世界の統計2016」より

一方で日本の人口の都道府県別の分布に目を向けると、東京および一都三県（東京都、神奈川県、埼玉県、千葉県）に人口が集中していることがわかります。

　東京都は、1351万人（全国の10.6%）と棒グラフで見ると群を抜いていることがわかります。一都三県を計算すると3613万人（全国の28.4%）となり、全国の3分の1を占めています。

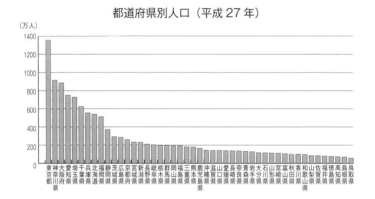

都道府県別人口（平成27年）

② 世帯数

　世帯数も国勢調査から見ることができます。

　国勢調査の世帯数は、一般世帯と施設等の世帯に区分されています。一般世帯は、おもに住居と生計を共にしている人の集まりまたは一戸を構えて住んでいる単身者を指します。施設等の世帯は学生寮や病院などの施設を指し、棟ごとに1世帯としています。

　2015年の速報では、5340万3千世帯で、2020年から145万3千世帯（2.8%）増加しています。

人口は減少していますが、世帯数は増加しているのです。1世帯当たり人員数は減少傾向にあり2.38人です。

世帯数及び1世帯当たり人員の推移（昭和45年～平成27年）

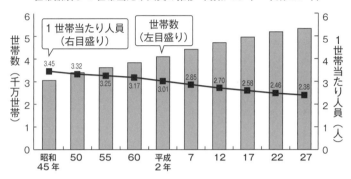

世帯にも独身者や、2人暮らし、ファミリーなど様々な種類があります。世帯数が増えているのは、どのタイプが増加しているのでしょうか？　国民生活基礎調査で世帯構成別に推移を見てみます。

世帯構成の推移（単位：千世帯）

	90年	95年	00年	05年	10年	11年	12年	13年	14年	
その他	2,245	2,478	2,796	3,016	3,320	3,180	3,370	3,334	3,435	
三世代世帯	5,428	5,082	4,823	4,575	3,835	3,436	3,648	3,329	3,464	
ひとり親と未婚の子	2,080	2,112	2,592	2,968	3,180	3,263	3,348	3,621	3,576	
夫婦と未婚の子	15,398	14,398	14,924	14,609	14,922	14,443	14,668	14,899	14,546	
夫婦のみ	6,695	7,488	9,422	10,295	10,994	10,575	10,977	11,644	11,748	
単独世帯	8,446	9,213	10,988	11,580	12,386	11,787	12,160	13,285	13,662	

世帯数が増加しているのは、「単独世帯」で90年比521万6千世帯増加しています。「夫婦のみ」も505万3千世帯の増加です。反対に「夫婦と未婚の子」は85万2千世帯減少しています。

　このことから、晩婚化によって独身者が増えたこと、高齢化によって独居老人が増えたことなどが、「単独世帯」の増えた要因として考えられます。

　また、子どものいない夫婦が増えたこと、三世代同居が減り、高齢者の夫婦2人暮らしが増えたことなどが「夫婦のみ世帯」の増えた要因として想定できます。

　ひと昔前には、世帯というとイコール「家族」というイメージがありましたが、2014年現在では、「単独世帯」「夫婦のみ」「夫婦と未婚の子」がほぼ3分しています。

③ 勤労者数（労働人口）

　日本経済の源となる勤労者数はどうでしょうか？

　総務省は、我が国における就業および不就業の状態を明らかにするための基礎資料を得ることを目的として、労働力調査を毎月実施しています。

　この調査では、「15歳以上人口のうち、就業者と完全失業者を合わせた人口」を労働力人口、現在「仕事についておらず、仕事があればすぐつくことができる者で、仕事を探す活動をしていた者」を完全失業者と定義しています。

　学生や資格取得のための勉強をしている人は「労働力人口」には含まれません。

　2015年平均では6598万人となり、2013年から増加傾向が

みられ、前年に比べ11万人の増加となっています。

全人口の51.9%が就業しているという状況です。

3年連続での増加となっていますが、男女別に見ると女性の増加が要因としてわかります。女性の就業機会の増加が全体を押し上げているということです。

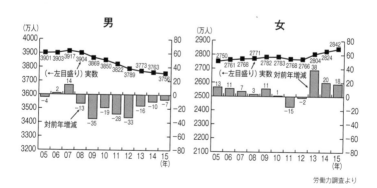

労働力調査より

④ 高齢者や子どもの数

　少子高齢社会と言われて久しいですが、どれくらいの高齢者や子どもがいるのでしょうか？

　高齢者数と子どもの数について整理したいと思います。

　高齢者は、一般に 65 歳以上の方を指します。65 歳以上人口は 3384 万人（平成 27 年 9 月 15 日現在推計）で、総人口に占める割合は 26.7％です。

　年齢階級別に見ると、70 歳以上人口は 2415 万人（総人口の 19.0％）で、75 歳以上人口は 1637 万人（同 12.9％）です。65 歳以上のお年寄りの中でも、70 歳以上の方が多いということです。

高齢者人口及び割合の推移（昭和25～平成52年）

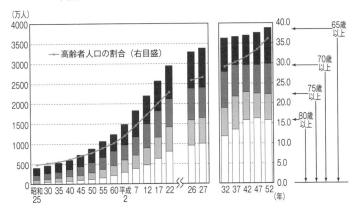

　高齢者の総人口に占める割合は、昭和 25 年（4.9％）以降、上昇が続いており、60 年に 10％、平成 17 年に 20％を超え、27

年は25%を超えています。

さらに国立社会保障・人口問題研究所の推計によると、この割合は今後も上昇を続け、第二次ベビーブーム期（昭和46年〜49年）に生まれた世代が65歳以上となる平成52年（2040年）には、36.1%になると見込まれています。

一方で子どもの数は、15歳未満人口で測られていることが一般的です。平成27年4月1日現在で1617万人で、昭和57年から34年連続の減少です。総人口に占める割合は、12.7%です。

65歳以上人口が26.4%ですので、お年寄りのほぼ半数しか子どもがいないということです。

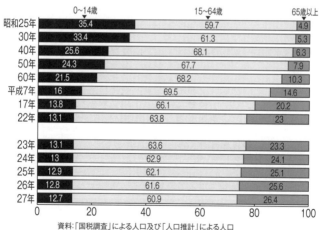

年齢3区分別人口の割合の推移

資料:「国税調査」による人口及び「人口推計」による人口
注）平成26年及び27年は4月1日現在、その他は10月1日現在

年齢3区分で見ると、65歳以上人口が増加し、15歳未満人口が減少傾向にあることがわかります。

　この傾向が続くと、ますます少子高齢化が進展していくことが予想されます。

　大まかに捉えると、総人口のうち、おおよそ半分の52％が働き、26％が高齢者、13％が子ども、残り9％が専業主婦や学生、失業者と言えます。

　65歳以上でも働いている人がいますので正確ではありませんが、ざっくりと捉えるとこのようになります。

⑤ 合計特殊出生率

　少子化とセットでニュースや新聞で取り上げられることの多い指標として、合計特殊出生率があります。

　合計特殊出生率は「15～49歳までの女性の年齢別出生率を合計したもの」で、1人の女性がその年齢別出生率で一生の間に生むとしたときの子どもの数に相当します。

　合計特殊出生率が2を下回ると人口が減少していきます。夫婦など男性と女性2人から生まれてくる子どもの数だからです。

　厚生労働省の発表する平成27年人口動態統計月報年計によると、平成27年の合計特殊出生率は1.46で、出生数は100万人となっています。

　少子化傾向が進展していることがわかると思います。

3　経済関係の重要な数字

　日本全体の経済の規模を知っていると、企業の売上規模や業界の大きさを認識する上で役立ちます。

　景気が良いのか悪いのかを知る指標もあります。

　現時点の景気動向や、雇用関係を知ることによって新たな発想を生み出すベースができあがります。

　ここではマクロ経済の視点でビジネスパーソンとして覚えておきたい「数字」に触れていきたいと思います。

⑥ GDP

　国の経済規模を測る指標としてGDPがあります。GDP (Gross Domestic Product) は国内総生産と訳され、国内で一定期間に生産されたモノ（商品）やサービスの付加価値の総額を指します。

　付加価値とは商品やサービスを販売した売上金額から商品を製造する材料費などの仕入れ金額を差し引いたものです。

　国内と限定されていますので、日本企業が海外で生産した商品やサービスの付加価値は含まれません。

　2016年4-6月期で505兆円（年換算）です。

　GDPには、実際に市場で取引されている価格に基づいて推計された名目値と、ある年（参照年）からの物価の上昇・下落分を取り除いた実質値があります。

　「名目値」は、インフレ・デフレによる物価変動の影響を受けるため、経済成長率を見るときは、これらの要因を取り除いた「実質値」で見ることが多くなります。

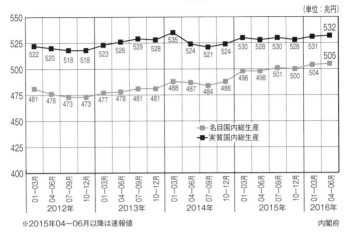

GDP 推移

※2015年04−06月以降は速報値　　　内閣府

　時系列で見ると、「名目国内総生産」では右肩上がりの軌道を得ているようですが、「実質国内総生産」は微増、微減を繰り返した「横ばい状態」にあると言えます。

　ＧＤＰは名目で500兆円、実質で530兆円と概算で良いので覚えておきましょう。

⑦ **日本を代表する企業の売上高**

　売上高は企業が一定期間に商品やサービスを販売した成果です。

　日本を代表する企業の売上高を知っておくことで、自社売上高との比較をすることができます。さらに代表的な企業の業績が伸びているのか、減少するのかを知ることによって、自社業績の

良否を判断することができます。

　代表的な企業が業績好調なのに、自社が不調であるのはなぜでしょうか？

　何が原因なのか、世の中の動きとズレているのかを探索することが必要です。

　日本で一番多くの売上高を計上している企業はどこだと思いますか？

　答えはトヨタ自動車で、28兆4031億円（2016年3月期）となります。トヨタ自動車1社でGDPの約5％に相当します。

　携帯電話のテレビコマーシャルや海外企業の買収でニュースに取り上げられることの多いソフトバンクグループは9兆1535億円（2016年3月期）です。

　コンビニエンスストアを運営するセブン＆アイ・ホールディングスは6兆457億円（2016年2月期）、JR東日本（東日本旅客鉄道）は2兆8672億円（2016年3月期）となります。

　ご自身の興味のあることと関連付けて覚えることで、視野が広がります。

⑧ 国家予算

　日本国が1年間につかう予算は、いくらくらいでしょうか？

　2016年度の一般会計の歳出総額は96兆7218億円と、高齢化による社会保障費の増加などを受け、歳出総額は過去最大となりました。

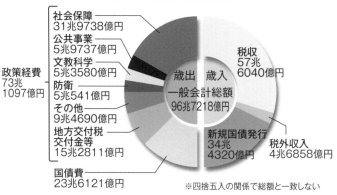

一般会計予算は、税や公債などを財源として受け入れ、社会保障、地方交付金、教育、公共事業、防衛など国の基本的な政策の経費を賄う会計です。

⑨ 日本全国の企業数

平成26年の経済センサスによると日本全国の企業数は約409万社です。そのうち会社組織（法人）は175万社、個人事業は約209万社となっています（医療法人や宗教法人などは「会社以外の法人」に分類され約26万社）。

企業規模別では、企業数では圧倒的に中小企業、小規模事業者が多数(99.7%)を占めています。従業員数でも7割が中小企業、小規模事業者です。

法人向けに営業活動をしている会社に勤めている方には是非認識していただきたい「数字」です。

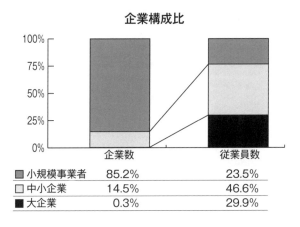

ここまでが覚えておいて欲しい「数字」です。

ここからは実際の数字を覚える必要はありませんが、指標の意味するところを認識していただきたい数字です。

⑪ 全国企業短期経済観測調査

「日銀短観」と略されて使われることがあります。日本銀行が行う統計調査で、全国企業の業況を的確に把握し、金融政策の適切な運営に資することを目的としています。

企業が自社の業況や経済環境の現状・先行きについてどう見ているか「良い」と答えた回答（%）から「悪い」と答えた回答（%）を差し引いたものをDI（Diffusion Index ディフュージョン・インデックス）として算出しています。

3カ月に1回調査しており、業種（製造業17業種、非製造業14業種）および3つの規模（大企業、中堅企業、中小企業）の計93層で行っています。

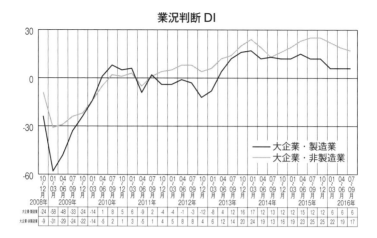

　指標の意味、時系列からの傾向を読み取ってください。

　世界的な経済危機を引き起こした、リーマン・ショック（2008年9月）や東日本大震災（2011年3月）後に大きくDI値が下降していることがわかります。

⑪ 有効求人倍率

　有効求人倍率とは、有効求職者数（職を求める人）に対する有効求人数（募集人数）の割合で、雇用動向を示す重要な指標です。厚生労働省が全国のハローワークの求職者数、求人数をもとに算出し毎月発表しています。倍率が1を上回れば人を探している企業が多く、下回れば仕事を探している人が多いことを示します。

求人、求職および求人倍率の推移

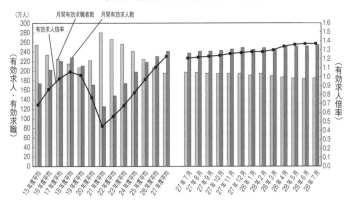

平成28年7月の有効求人倍率（季節調整値）は1.37倍となり、前月と同水準でした。

長期時系列では平成21年度（リーマン・ショック後）に有効求人倍率が低迷していましたが、以降改善傾向に向かい平成26年度から1倍を上回っています。ここ1年間においても改善傾向は続いており、ヒト不足傾向にあることがわかります。

第2章

統計データを読み込み
インサイトを探索する

05 顧客のインサイトを把握する

　インサイト（insight）とは、洞察力・理解・見識（ジーニアス英和辞典）と訳されます。

　ビジネスでは、一般的に顧客の行動パターンや、背景にある意識構造を考察した結果得られる、「購買行動の核心やツボ」という意味で使われ、消費者の本音部分、商品購入のホットボタン（『ビジネス・インサイト』石井淳蔵著・岩波新書）とも言われています。

　ビジネス展開する上での「重要な気づき」と言えばわかりやすいでしょうか。

　インサイトは、後から聞くと「なんだそうだったのか」と容易に理解することができるものです。

　いわゆるコロンブスの卵的な考えです。

　経営学者のP.F.ドラッカーは「成功したイノベーションは驚くほど単純である。まったくのところ、イノベーションに対する最高の賛辞は、『なぜ、自分には思いつかなかったか』である。」と語っています。

　顧客のインサイトに気づくには、問題意識を常に持ち情報の感度を敏感にしておく必要があります。

　いろいろなアプローチがありますが、本書では統計データからインサイトを見出す方法について説明していきたいと思います。

1 仮説検証を繰り返し、重要な事柄を見出す

データを集めてただ眺めていたのではインサイトを見つけることはできません。

大量のデータの中から重要と考えられる事柄を探し出し、そこから仮説を設定していくのです。

ただ仮説はあくまでも仮説ですから、精度を上げなくては使えません。

仮説を設定し、それを検証するプロセスこそが大事なのです。

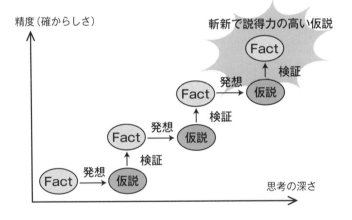

図は斬新で説得力の高い仮説を設定する概念図です。横軸に思考の深さ、縦軸には確からしさという2軸をとります。最初右下にあるFact（事実）からスタートして、だからどうなるのか、それはどういう意味なのかを自問自答し仮説を立ていきます。仮

説はあくまで仮説に過ぎませんので、検証することによってこれまで気づいていなかった新たなFactを発見することができます。これを繰り返すことによって、仮説の精度と思考の深さの両面を追求していくというイメージです。

例えば若者のクルマ離れが言われて久しいですが、若者はなぜクルマを購入しなくなってしまったのでしょうか？ 要因を仮説として考えていきます。この段階では仮説の精度にとらわれず自由に発想していくことがポイントです。柔軟に要因を発想していくのです。

① クルマを買うおカネがない
② クルマが必要ない生活をしている
③ クルマに興味がない

次にこれらの仮説をFactで検証していきます。
右の図は金融消費実態調査のデータで、これによると30歳未満の可処分所得は男性23万円、女性18万円でした（平成27年）。バブル期の平成元年と比較して、男性は4万5000円、女性は2万円ほど増加しています。当時より物価が若干上がっていますが、昔よりも可処分所得が大幅に下がっているというわけではありません。

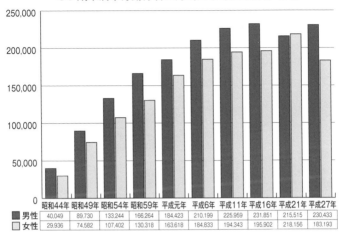

30歳未満単身勤労者の月当たり可処分所得（円）

	昭和44年	昭和49年	昭和54年	昭和59年	平成元年	平成6年	平成11年	平成16年	平成21年	平成27年
■ 男性	40,049	89,730	133,244	166,264	184,423	210,199	225,959	231,851	215,515	230,433
□ 女性	29,936	74,582	107,402	130,318	163,618	184,833	194,343	195,902	218,156	183,193

①は、昔と比較して単にお金がないという要因の誤りを示しています。そこで更に発想を深めます。絶対的なお金がないのではなく、「クルマに回すお金がない」「他の支出が大きくてクルマまで手が回らない」という仮説です。今度はその仮説が検証できるデータを探していきます。

次の図は博報堂が提供している「生活定点」というアンケート結果を加工したものです。バブル時代の1992年と比較して、男女とも「車にかけるお金」が激減していることがわかります。代わりに「通信にかけるお金」や「趣味」、「美容」といった新たな用途が高い比率となっています。男女とも「交際にかけるお金(飲食を含む)」が減少しているのにも気づきます。

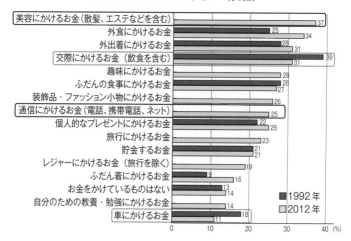

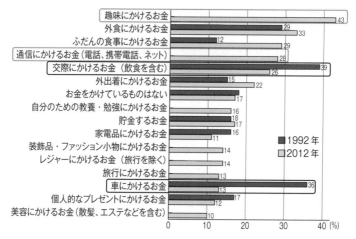

こうしたFactを掴むことができたのも「お金がない」という仮説を立てたからです。仮説と検証を繰り返すことによって頭の中になかった情報を手にすることができるのです。

　同様に②について検証してみると以前と比較して若者達の行動が変化していることがわかります。
　クルマを必要とする「旅行」や「スポーツ」をする人が減少しているのです。これは仮説②クルマが必要のない生活をしているということを裏付けるものとなります。

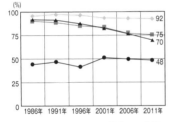
種類別行動者率の推移（20〜24歳）

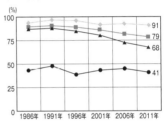
種類別行動者率の推移（25〜29歳）

　仮説③　クルマに興味がない　を検証するFactとして生活定点にある「よくする趣味・スポーツ」という設問で説明がつきます。

　次のグラフによれば、バブル時代の1992年には男女とも半数近くが「自動車やドライブ」が趣味と言っていましたが、2014年には2割に満たない状況にまで低下しています。クルマやドライブに興味がなくなっていることがわかります。

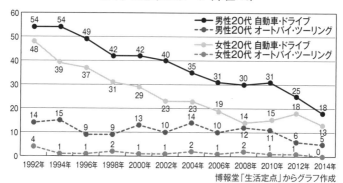

よくする趣味・スポーツ（単位:%）

博報堂「生活定点」からグラフ作成

こうして仮説検証を繰り返し、以下の仮説を立てます。

・最近の若者は、スマホ通信費に使うお金が多く、車所有に費やすお金を捻出することができない。
・旅行やスポーツなどの遠出する行動が減少していることやドライブに対する関心が薄れてきていることによってクルマ離れという現象を引き起こしている。

このようにして仮説検証を繰り返し行うことによって斬新で説得力のある仮説を導くことができるのです。

2 特徴的なFactに着目しデータの意味することを考える(Finding)

　良い仮説、価値の高い仮説を設定するためのポイントは、意味のある価値ある Fact を見つけること、その Fact を考察し、意味を考えること『Finding』にあります。

　Factは、「事実」、「現実」、「実際にある／あったこと」と訳されます。

　私は Fact にもレベル感があると考えています。本当に堅い、まず間違えのないハードファクトと、少し怪しいソフトファクト、第三者の類推や考察結果の３つのレベルです。

ハードファクト	事実ベースの数値データ統計情報。(統計学に基づくサンプリング方法で誤差が少ない)	●人口数、世帯数、年代別、所得などのデモグラフィックな情報 ●売上高、利益などの実績、結果データ ●総務省統計局が実施する調査結果。大量サンプル

↓ 発想を広げる　　↑ 裏をとる

ソフトファクト	少サンプルやサンプル抽出に偏りのあるアンケートデータ、インタビュー情報などの安定情報	●意向データや選好を問うアンケート結果 ●将来のことは回答者にも分からない ●サンプル数の少ないアンケート情報
類推(考察)	データを読み込み、結果として記述してある事項	●新聞記事やニュースなど ●これまでの常識とされてきたがデータの裏づけがない事象

　仮説を設定するには、ハードファクト（確固、確実な情報）に着目することから始めましょう。ゆるぎない事実、統計的な裏付

けのある調査結果などが該当します。

　そのようなハードファクトの中から重要と考えるFactを見出し、そこから仮説を立てていくのです。第一歩としてFactから何が言えるのかFindingしていきます。

　Findingとは、「明らかになったこと」「評決」「発見」です。

　Factに解釈を加えたものを「発見すること」に意義があります。

　Findingに明確なルールや手順はないので自由に考察すれば良いのですが、慣れない場合は以下の視点で考えを深めると良いでしょう。

　Factを中心において、その要因として何が考えられるのか、Factによって将来どうなるのか、いくつかのFactによってどんな事柄に集約されるのか、という3つの観点で考察していくとFindingしやすくなります。

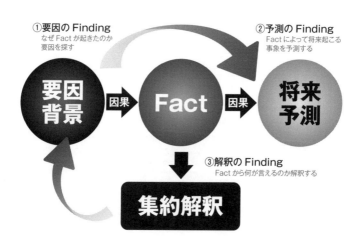

▶06 過去のデータから将来を予測する

将来のことは誰にもわかりませんが、だからと言って、その場限りの対応をしていれば良いというわけではありません。できるビジネスパーソンほど将来どのようなことが起きるのか仮説を設定し、準備をしています。

ではどうしたら将来を予見することができるのでしょうか？

将来はわかりませんが過去は誰でも振り返ることができます。

1 長期時系列のデータは未来を指し示す

将来を予測するための過去のデータは、長ければ長いほど役立ちます。例えば以下はビールの市場規模を示すデータです。

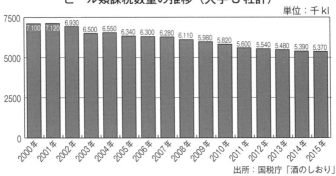

ビール類課税数量の推移（大手S社計）
単位：千kl
出所：国税庁「酒のしおり」

第2章 統計データを読み込みインサイトを探索する　79

グラフが示しているようにビール市場は、過去15年間一貫して低減していることがわかります。まさに右肩下がりの状況です。

ここからどのような将来を予測しますか？

どんなにポジティブに捉えても現状維持が良いところで、自然に考えればダウントレンドが順当なところです。

今後もこの傾向は継続すると見た場合、ビールメーカーはどのように経営資源を活用していくべきか自ずと答えは見えてきます。

1つには国内市場は現状維持としつつ海外へ目を向けることでしょう。人口が減少傾向にある国内市場に見切りをつけて海外市場に活路を見出すという戦略です。もう1つはビール以外の酒類へ経営資源を振り向けるものです。ハイボールのようにいろいろな素材を活かした新しいアルコール飲料にチャレンジすることで、若者や女性を取り込むという戦略はどうでしょうか。

このように、過去からの傾向を掴むことによって新しい発想を得ることができるのです。

右のグラフはガラケーとスマートフォン（スマホ）の世帯普及率（2人以上の世帯）のデータです。

2016年にガラケーとスマホの普及率が逆転し、スマホの普及率は約7割に達しました。2017年はややなだらかな増加となりましたが、ガラケーからスマホに着実に置き換わっていることは誰の目にも明らかです。

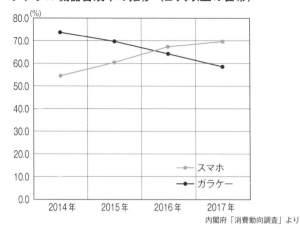

内閣府「消費動向調査」より

　熱烈なガラケーファンもいるでしょうから全ての顧客がスマホへ置き換わることは難しいと思いますが、今後ゆるやかに100％に近づいていくことが予想できます。

　メーカーがガラケーの製造に力を入れることはないでしょう。

　このように過去のデータを見ることで、大筋の予測を立てることができるのです。

2　関連のあるデータを探索し、将来を予測する

　次に考えるのは、そのデータに影響を与えている他のデータを探索することです。

　図は JTB グループが毎年集計しているゴールデンウィークの旅行者数の推移をグラフ化したものです。

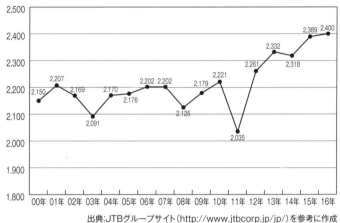

GWの旅行人数総数　　　　単位：万人

出典：JTBグループサイト（http://www.jtbcorp.co.jp/jp/）を参考に作成

　長期時系列のデータをグラフ化するだけで、その傾向が見えてきます。ゴールデンウィークの旅行者数は年々増加しており、今後も増加傾向が続くことが予測できます。

　ではゴールデンウィークの旅行者数を増やす要因は何でしょうか？

　ここで前年よりも旅行者数が増加した年と減少した年をいくつか抽出し、それらの違いを見出すというアプローチをとります。

　「前年増加率」という指標を算出します。前年増加率は以下の数式で求めます。

増加率＝（本年数値－前年数値）÷前年数値

　ゴールデンウィーク旅行者数の前年増加率を算出したのが右の表です。

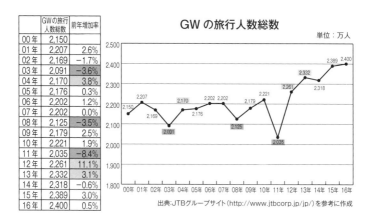

出典:JTBグループサイト(http://www.jtbcorp.jp/jp/)を参考に作成

　薄く塗った年が前年よりも大きく旅行者数を伸ばした上位の3カ年です。反対に濃く塗った年は前年よりも大きく減少した年です。

　さてこの2つのグループの違いは何によってもたらされるでしょうか？ どのような事項から影響を受けるでしょうか？ ここで想像力を存分に働かせます。

　みなさんが旅行に行こうと思うのはどんな時でしょうか？ 旅行から帰ってきて次の日すぐに仕事は嫌ですよね。連休であることがポイントとなると思います。

　カレンダーとの関連があるだろうと仮説を立てます。日の並びが良く長い連休が続いているかどうかが旅行に行こうという気にさせるだろうということです。

　それでは薄く塗った年（前年より大きく旅行者数を伸ばした年）

と濃く塗った年(前年よりも旅行者数が大きく減少した年)を比較してみます。

前年より増加		前年より減少	
2013年	前半3日、後半4連休	2011年	飛び石、3日、後半3日
2012年	前半3日、後半4連休	2008年	飛び石、後半4日
2004年	前半1日、後半5連休	2003年	飛び石、後半3日

こうして見てみると前年より増加した年は長期間の連休が多く、前年より減少した年は「飛び石」というキーワードが入っていることに気づきます。カレンダーは影響を与える要因と考えて良さそうです。

さらに影響を与える要因がないか考えていきます。

旅行に行く心理も影響するだろうと考えます。

内閣府では、毎月「消費者態度指数」という景気を示す指標を発表しています。これは生活者の「暮らし向き」「収入の増え方」「雇用環境」「耐久消費財の買い時判断」の今後半年間の見通しを5段階評価して指標化したものです。

この数値をそれぞれの年で比較したものが以下の表です。

前年より増加		前年より減少	
2013年5月	45.2	2011年5月	34.2
2012年5月	40.2	2008年5月	33.0
2004年5月	47.3	2003年5月	36.0

前年より増加した年が40ポイント台であるのに対して、減少

した年は30ポイント台となっています。ゴールデンウィークの旅行者数に生活意識も影響していることがわかります。

では2017年の旅行者数は前年よりも増加するでしょうか？

カレンダーと消費者態度指数を見てみましょう。

2017年4月		5月						
29日	30日	1日	2日	3日	4日	5日	6日	7日
土	日	月	火	水	木	金	土	日

前半に2日間、後半に5日間の連休となっています。どちらかというと「前年より増加した年」に近いことがわかります。

さらにGW前の消費者態度指数を見ると5カ月連続で40ポイント台を維持しています。そして2016年12月から継続して前月よりも増加しています。

2016年11月	41.1	↘
2016年12月	43.0	↗
2017年1月	43.1	↗
2017年2月	43.2	↗
2017年3月	43.9	↗

カレンダー、生活意識ともに旅行に行こうという機運が高まっていることがわかります。

こうしたことから、2017年のゴールデンウィークは前年よりも増加することが予想できます。

3　相関分析を活用し仮説を検証する

　トレンドに影響を与えるデータを統計的に裏付けるには相関分析が活用できます。

　2つのデータに相関関係が見られるかどうかは、相関係数を算出することで確認できます。

　相関係数はExcelのCORRELという関数を使うと瞬時に算出することができます。

　相関係数が0.4以上あると、2つのデータに相関関係があると見なします。

　前述のゴールデンウィークの旅行者数の相関係数を算出してみましょう。

	GWの旅行人数総数（万人）	消費者態度指数
08年	2125	33
09年	2179	34.9
10年	2221	42
11年	2035	34.2
12年	2261	40.2
13年	2332	45.2
14年	2318	39
15年	2389	41.4
16年	2400	41
	相関係数	0.78

消費者態度指数と旅行人数の相関係数は 0.78 と算出されました。この 2 つのデータには相関関係があると言えそうです。

さらに散布図を描いてみることで確認をしてみましょう。

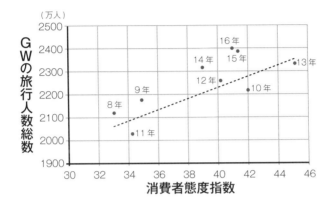

横軸には影響を与える方のデータ「消費者態度指数」を置きます。原因となるデータです。縦軸には影響を受ける方のデータ、結果となるデータを置きます。

各年の消費者態度指数と旅行人数は右肩上がりの直線上にプロットされています。

このように相関分析は将来を予測するための仮説検証で効果を発揮します。Excel を使って相関係数を算出し、散布図を描いて確認しましょう。

相関分析は仮説検証をする際に非常に便利な分析方法ですが、留意点もあります。

例えば気温と電気代の散布図をご覧ください。

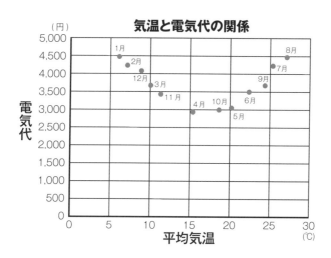

寒い12月から2月にかけてと、暑い7月〜9月にかけての2度電気代が高まります。

寒いと暖房、暑いと冷房を多く使うために電気代が上がるのが容易に想像できます。平均気温と電気代には明確に関係があると考えられます。

ところが、相関係数は−0.13とほとんど相関関係があると示していません。

月	平均気温(℃)	電気代(円)
1月	6.1	4,500
2月	7.2	4,250
3月	10.1	3,700
4月	15.4	2,950
5月	20.2	3,500
6月	22.4	3,500
7月	25.4	4,250
8月	27.1	4,500
9月	24.4	3,700
10月	18.7	3,000
11月	11.4	3,450
12月	8.9	4,100
相関係数		−0.13

これは相関分析が直線関係しか表すことができないからです。散布図が示すUの字は、相関関係がないと見なします。このような場合はデータを2つに分けて分析を進めます。

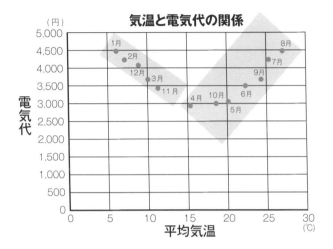

相関係数は冬場が-0.98、春から秋にかけて0.93となり、強い相関関係にあることが証明できました。

月	平均気温(℃)	電気代(円)
1月	6.1	4,500
2月	7.2	4,250
3月	10.1	3,700
11月	11.4	3,450
12月	8.9	4,100
	相関係数	-0.98

月	平均気温(℃)	電気代(円)
4月	15.4	2,950
5月	20.2	3,500
6月	22.4	3,500
7月	25.4	4,250
8月	27.1	4,500
9月	24.4	3,700
10月	18.7	3,000
	相関係数	0.93

4　Excelの近似曲線を活用する

　将来トレンドをイメージする際の簡便法としてExcelの近似曲線があります。

　まず2つの変数（データ）を使ってExcelで散布図を描きます。

　先ほど説明したGWの旅行人数を使います。横軸には年、縦軸には旅行者数をとった散布図を作成します。

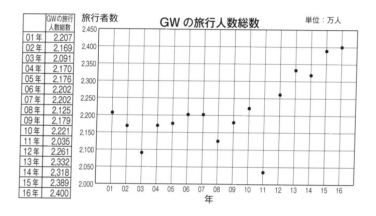

　散布図にプロットされた点をクリックして近似曲線を描きます。Excelの近似曲線の機能では、直線（線形近似）や2次曲線（多項式近似）などデータの分布状態に応じて曲線を選択することができます。

　GWの旅行人数は直線というよりもUの字に分布していますので、2次式がしっくりきそうです。多項式近似を選び2次曲線を描きます。近似曲線を延長する機能を使って、2017年の旅行者数を読み取ります。次のグラフを見ると2460万人となります。

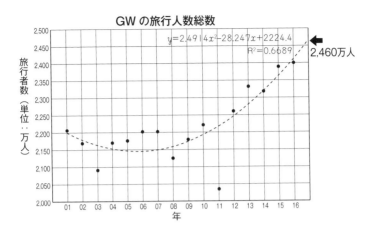

近似曲線の原理を簡単に説明しましょう。

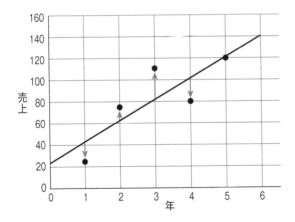

それぞれのデータ（点）を通る線（直線・曲線）を引きますが、その時に各データ（点）と線の距離を算出します。全ての距離を合計して最も小さくなるような線を引くというものです。

近似曲線を使えば相関係数で読み取ることができなかった曲線的なデータの分布も説明することができます。

先ほどの気温と電気代の関係は直線関係では説明することができなかったUの字に分布していました。

近似曲線をひくと以下のようになります。

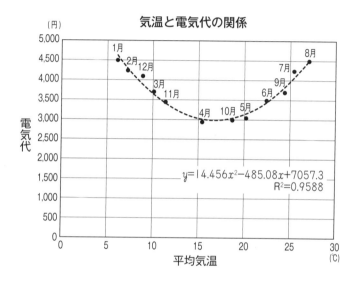

Excelには近似曲線の式を挿入する機能があります。

そしてその式の当てはまり具合を示すR^2があります。R^2は1に近づくほど当てはまりが良いと読み取ります。

気温と電気代では0.9588ですから非常に高い合致度と言えます。

Excelの機能を活用して予測に役立ててみましょう。

07 全体を細分化して中身を読み解く

1 分析とは「分けてわかる」ための実践手法

　分析という字は、「分」という字と「析」という字から成ります。
　「分」は文字通り分けることを意味し、「析」はきへんに「おの」と書き「おので木を割く」という意味になります。
　どちらも分ける、分割するということを意味しており、分けて全体を理解するための方法（プロセス）と解釈することができます。
　全体を見ていたのではわからないものでも分解して考えると理解できることはよくあります。
　例えばビジネスでも同じです。今期に突如として販売実績が増加した商品Ａの「売れた要因」を知るには、販売エリア別に分けて実績を集計したり、購入した顧客別に実績を集計することが有効です。販売実績を全体で捉えていただけでは、要因はいつまで経ってもわかりません。「売れているなぁ」「良かったなぁ」と感想レベルしか得られません。中身がどのようになっているのか分けてわかるプロセスが必要なのです。

　数年前から軽くて丈夫なステンレス製の水筒が売れています。
　なぜステンレスの水筒が売れているのでしょうか？　年間の販売実績だけを追っていたのでは真相は摑めません。また状況に応じて更に売上を増加させる手立ても考えつきません。

そこで顧客層別に販売実績を分析していきます。

性年代別に販売実績を細かく集計してみると、若い女性の購入実績が他の世代よりも突出して高い実績であったことがわかります。

また商品の分類別では、小容量でスリムな形状のものの売上が高いことがわかります。

こうした実態から、若い女性が職場などに飲料を持参するためにステンレス製の水筒を購入していることが販売実績を増加させている要因としてわかりました。

そこで若い女性が持参したくなるようなカラフルなカラーバリエーションを豊富に揃え、小さなカバンの中でも入るようなより細身な形状の商品を開発することで、更に実績を増やすための施策を考えることができるでしょう。

このように、分けてわかるための実践手法が分析の意義なのです。

2　どのように分解するか（分類軸の選定）

分析の意義についてはご理解いただいたと思います。

そこで次に、「分類軸」の選定です。分類軸は主に6個の軸が考えられます。

① デモグラフィック

BtoCでは、性別・年代・職業・所得など、BtoBでは、企業規模・業種・エリアなどによる分類です。

デモグラフィックは人口統計学的な属性のことを言います。対象となる人や企業の固有の属性情報で分類します。

多くの2次データで収集可能です。統計情報のほとんどがデモグラフィックでのクロス集計を行っています。

顧客の購買行動はデモグラフィックをもとになされることが多いので最も基本的な分類方法と言えます。例えば20代の若者と50代60代のシニア層では多くの商品で嗜好が異なります。ファッション用品もそうですし、食品でも異なります。若い人達は質よりも量を求めるでしょうし、シニア層はおいしい食品、高品質のものを少量求めます。

② 時間比較

月別比較（1～12月）や月内比較（月初・中・末）、曜日比較・時間比較など時間軸をもとに分類し比較します。

販売データで年間ベースでの比較では粗すぎて実態がわからないような場合に、時間軸を掘り下げて比較していきます。月別比較で販売実績にバラつきが見られれば、その商品の需要時期を類推することができます。

例えばコンビニエンスストアでは時間帯別の販売実績を定量的に把握しています。都心部の店舗では弁当やサンドイッチが朝の時間帯に多く購入されています。付近の会社に勤める人が昼休みの混雑を回避するために朝のうちに購入して勤務場所へ向かうのです。そうしたことがわかれば朝に昼食用の商品を充実させる

ことで需要を取り込むことが可能となります。

③ 経年比較

　経年比較は過去のデータとの比較を行います。例えば前年に実施された統計データとの比較や、昨年実施した調査データの時系列比較などが該当します。

　例えばCS（顧客満足度）調査のデータは、実行した施策との因果関係を見出すことができ、効果検証に役立ちます。

　ある年に営業担当者の提案力に対する満足度が低かったとします。その企業では顧客の満足度を高めるために提案力に関する教育研修を徹底して行いました。教育研修の効果が顧客満足度にどのように反映されているか、効果が出ているのか次年度に同様の調査を実施し、顧客の提案力の満足度を測定することで検証することができます。

　家計調査は総務省で毎月実施されている統計調査ですが、長い年月では消費の傾向が異なります。チョコレートやアイスクリームは10年前よりも大幅に購買されています。経年比較することによって傾向や変化を掴むことが可能となります。

④ 行動データ

　消費や購買頻度などの行動データを幾つかのカテゴリー（グループ）に分類して比較します。

　消費量の多い人と少ない人では、その商品に対する思い入れや使用方法が異なります。それらを掴むことによって新たな商品の開発や、他社との差別化のポイントを見出すことが可能となります。

対象顧客の消費や購買といった行動レベルで比較します。消費量の多いヘビーユーザー（H）、ほどほどに消費するミドルユーザー（M）、あまり消費しないライトユーザー（L）、全く消費しないノンユーザー（N）といった分類になります。マーケティングでは頭文字をとってHMLN分析などということがあります。

　例えばパソコンのヘビーユーザーは毎日使用しているので反応スピードや耐久性の良いパソコンを求めます。ライトユーザーはたまにしか使用しないので価格の安いものや、収納しやすい形状のパソコンを求めるでしょう。

　このように行動データはFactとしての客観性を図るのに適切な分類方法と言えます。

⑤ 意識データ

　意識データは対象者の意識的な傾向で分類します。ある商品を認知している人とそうでない人、商品の特徴を理解している人とそうでない人などの分類や、ライフスタイルや特定商品カテゴリーに対する関与が挙げられます。

　ロハス（地球環境と健康を重視する生活スタイル）や地元重視型など、その人の持つ意識で分類することもあります。行動データよりも個人の主観による比較となります。

　デモグラフィックは性別や年代などの根源的、固定的な分類方法ですが、意識データによる分類はその時々のトレンドや時代の特徴を捉えたタイムリーな知見を見出すことができます。

　意識データの裏付けとなるデモグラフィックから類推することができます。例えばロハスはここ5年ほど前から出てきたキーワードですが富裕層で実践されていることが多いライフスタイル

です。地元重視型は都市よりも地域に居住する人に多く見られる傾向です。意識データとデモグラフィックを交互に考察していくと本質的な意味を見出すことができます。

⑥ 他社比較

　競合他社との実績や、商品評価、イメージ評価などを行う分類方法です。

　メーカー別の生産量、販売実績などは、業界団体の統計資料から収集することができます。他社との違いや自社のポジショニングを見つけることで今後の施策展開に対する示唆を得ることが可能となります。

　既存商品をブラッシュアップするためには、競合商品とどの程度違いが認識されているのか、どのような価値を感じているのかを調査します。自社の強みや弱みがわかれば商品改良のヒントを見つけることができます。

　②〜⑥は新たに情報を収集する必要があります。既存の２次データから収集できる ①デモグラフィック を基本として仮説を立てていくことが賢明です。

　例えば20代男性というだけではその人の趣味や趣向が反映されていません。多様なグループが存在するのでデモグラフィックだけでは詳細な分析を行うことができないのです。20代男性へ向けたマーケティングリサーチを組み合わせて比較分析を行います。他の年代や性別と比較して特徴的な事象を探索し、その要因を探索していくことで仮説を立てることが可能となります。仮説検証を含めてマーケティングリサーチを企画していきます。

3 比較するためのデータ加工方法

　集団間の比較で、比率を使うと集団の大きさの影響を排除することができます。

　例えば高齢化がどの程度進展しているか、都道府県別に比較をしたいと考えた時に、単に老年人口数（65歳以上の人口）を比較するのは適切ではありません。

　最も多いのは、日本の人口の10%を占める東京都ということになります。2015年国勢調査で総人口1351万人に対して老年人口は300万人でともに1位です。

　こうした場合は、総人口に占める老年人口割合を計算します。1位は秋田県（34%）となります。

　東京都は沖縄県に次いで老年人口割合が低く、22%です。

《老年人口数のベスト3》

都道府県名	総人口（人）	老年人口（人）		老年人口割合	
東京都	13,515,271	3,005,516	1位	22%	46位
大阪府	8,839,469	2,278,324	2位	26%	36位
神奈川県	9,126,214	2,158,157	3位	24%	43位

　老年人口のベスト3は総人口も多いことがわかります。

　同時に老年人口人数が多い都道府県ほど、老年人口割合が下位であることにも気づきます。

《老年人口割合のベスト3》

都道府県名	総人口(人)	老年人口(人)		老年人口割合	
秋田県	1,023,119	343,304	33位	34%	1位
高知県	728,276	237,012	41位	33%	2位
山口県	1,404,729	447,862	25位	32%	3位
島根県	694,352	222,648	45位	32%	3位

　老年人口割合では総人口が小さい都道府県が上位にランクされています。若者や大人がその土地を離れることによって、総人口が減少し、結果として老年人口割合が高まると考えることができます。

　このように構成比を計算し比較することによって、母数の大小に関わらず比較することができます。

全体に占める部分の比率
◇ 高齢化率＝65歳以上の人口／総人口
◇ 売上高営業利益率＝営業利益／売上高

単位当たりの比率
◇ 1人当たりの付加価値額＝付加価値額／従業員数
◇ 1平方キロメートル当たりCVS店舗数
　＝CVS店舗数／エリア面積(平方キロメートル)

　比較をするためのデータ加工として、構成比の他に相対比と代表値があります(※「相対比」についてはP.20参照)。

代表値については1章で説明した平均値、中央値、最頻値が良く使われる指標です。図の右側のアルファベットはExcelの関数を示しています。

代表値は上記3つの他に最大値、最小値があります。Excel関数を合わせて確認してみてください。

平均値	データを足し合わせ、データ数で割ったもの	AVERAGE
中央値	データを上から下まで並び替えた時に中央に位置する数値	MEDIAN
最頻値	データの中で最も多く存在する数値	MODE
最大値	最も大きな値	MAX
最小値	最もちいさな値	MIN

さらに経年比較をする際に用いられるのが「増加率(伸長率)」です。

これは基準とする年と比較してどの程度増加(減少)したかを表す指標となります。以下の数式で計算します。

増加率(伸長率)=(本年実績ー前年実績)÷前年実績

▶08 レート・シェア分析で特徴を見出す

　他の要素と比較する際には、加工した数値が高いのか、低いのか判断に迷う時があります。

　例えば自店の特徴を把握したい時に、商品別の構成比を求めます。ハンバーガーショップで自店のチーズバーガーの構成比が40％だったとします。その40％が他店と比較して高いか低いかを見極めたい時に、他店の構成比も40％だったら、自店だけがよく売れているとは判断できません。当然これでは自店の特徴もわからないままです。このような時に、自店や商品の特徴を掴むのに役立つのが「レート・シェア分析」です。

　レート・シェア分析とは、売上の地域差・拠点実績の差を把握するために行うものです。レート（変化率）とシェア（割合）について相対的な比較を行い、特化係数と拡大係数を算出します。

	意味合い（数式）	効果
特化係数	品目別シェアの全国平均を1とした時の、当該地域シェアの割合を表す。【当該シェア÷全体平均シェア】	当該地域における特定品目のシェアがどの程度特徴的であるか分かる。
拡大係数	品目別シェアの平均倍率（レート）を1とした時の、当該品目の倍率の割合を表す。【品目別倍率÷品目全体平均倍率】	当該地域における特定品目のレートがどの程度特徴的であるか分かる。

　例えば以下は、ある衣料販売会社の支店別商品カテゴリー別の販売実績です。この販売実績を使ってレート・シェア分析を行ってみましょう。

1 特化係数の計算

特化係数 ＝ 自店の商品別シェア ÷ 全体の商品別シェア

【基本データ(2012年度)】

	Tシャツ	ジーンズ	ジャケット	肌着	アクセサリー	商品計
A支店	6,573	11,623	16,020	923	4,685	39,824
B支店	20,880	11,591	24,116	1,052	9,021	66,660
C支店	52,297	51,922	106,212	6,329	32,647	249,407
D支店	14,552	5,395	14,934	1,144	3,550	39,575
E支店	7,185	1,053	8,666	226	1,739	18,869
F支店	20,813	10,086	38,884	1,269	7,847	78,899
G支店	30,851	10,604	64,529	2,165	13,675	121,824
H支店	14,070	7,821	21,129	669	4,413	48,102
I支店	7,307	3,113	11,146	251	2,045	23,862
J支店	14,000	32,329	33,090	921	6,451	86,791
全店計	188,528	145,537	338,726	14,949	86,073	773,813

	Tシャツ	ジーンズ	ジャケット	肌着	アクセサリー	商品計
A支店	0.165	0.292	0.402	0.023	0.118	1.000
B支店	0.313	0.174	0.362	0.016	0.135	1.000
C支店	0.210	0.208	0.426	0.025	0.131	1.000
D支店	0.368	0.136	0.377	0.029	0.090	1.000
E支店	0.381	0.056	0.459	0.012	0.092	1.000
F支店	0.264	0.128	0.493	0.016	0.099	1.000
G支店	0.253	0.087	0.530	0.018	0.112	1.000
H支店	0.293	0.163	0.439	0.014	0.092	1.000
I支店	0.306	0.130	0.467	0.011	0.086	1.000
J支店	0.161	0.372	0.381	0.011	0.074	1.000
全店計	0.244	0.188	0.438	0.019	0.111	1.000

まずは自店の商品別のシェアを算出します。

Excelを使えば簡単にシェアを算出することができます。

計算式は、A支店のTシャツの販売実績6,573÷全店のTシャツ販売実績188,528です。

Ａ支店のＴシャツのシェアは0.165となります。

　他のセルにコピペをすれば全ての支店と商品のシェア（構成比）を一発で算出することができます。

　この商品別のシェアを使って、特化係数を算出します。

	Tシャツ	ジーンズ	ジャケット	肌着	アクセサリー	商品計
A支店	0.677	1.552	0.919	1.200	1.058	1.000
B支店	1.286	0.925	0.826	0.817	1.217	1.000
C支店	0.861	1.107	0.973	1.314	1.177	1.000
D支店	1.509	0.725	0.862	1.496	0.806	1.000
E支店	1.563	0.297	1.049	0.620	0.829	1.000
F支店	1.083	0.680	1.126	0.833	0.894	1.000
G支店	1.039	0.463	1.210	0.920	1.009	1.000
H支店	1.201	0.864	1.003	0.720	0.825	1.000
I支店	1.257	0.694	1.067	0.544	0.770	1.000
J支店	0.662	1.981	0.871	0.549	0.668	1.000
全店計	1.000	1.000	1.000	1.000	1.000	1.000

特化係数の求め方　＊Ａ支店のＴシャツの特化係数

① Ａ支店内のＴシャツのシェアを求める

　（6,573 ÷ 39,824 ＝ 0.165）

② 全店計のＴシャツのシェアを求める

　（188,528 ÷ 773,813 ＝ 0.244）

③ Ａ支店Ｔシャツのシェア①を全店計のＴシャツシェア②で割る

　（0.165 ÷ 0.244 ＝ 0.677）

A支店Tシャツのシェア0.165を全店のTシャツのシェア0.244で割ります。

　算出された0.677がA支店Tシャツの特化係数となります。

　数式をコピペすることで全ての支店の特化係数を算出することができました。

　特化係数は他の店と比較して、特徴的に売上が高い商品を探索するためのものです。

　特化係数が1を超える商品カテゴリーは他の店よりも多くの構成比があると捉えます。

　A支店の特化係数ではジーンズ（1.552）と肌着（1.200）、アクセサリー（1.058）が特化している商品カテゴリーと言えます。

　反対にTシャツ（0.677）やジャケット（0.919）は他の店よりも販売割合が低いと捉えることができます。

2 拡大係数の計算

　拡大係数も基本的には特化係数と同じく、当該支店の構成比を全店の構成比と比較して算出します。

拡大係数＝自店の商品別倍率÷全体の商品別倍率

　倍率とは基本年と対比する基準年との比較を行い、倍率を算出して比較を行います。

【基本データ(2012年度)】

	Tシャツ	ジーンズ	ジャケット	肌着	アクセサリー	商品計
A支店	6,573	11,623	16,020	923	4,685	39,824
B支店	20,880	11,591	24,116	1,052	9,021	66,660
C支店	52,297	51,922	106,212	6,329	32,647	249,407
D支店	14,552	5,395	14,934	1,144	3,550	39,575
E支店	7,185	1,053	8,666	226	1,739	18,869
F支店	20,813	10,086	38,884	1,269	7,847	78,899
G支店	30,851	10,604	64,529	2,165	13,675	121,824
H支店	14,070	7,821	21,129	669	4,413	48,102
I支店	7,307	3,113	11,146	251	2,045	23,862
J支店	14,000	32,329	33,090	921	6,451	86,791
全店計	188,528	145,537	338,726	14,949	86,073	773,813

【対比データ(2007年度)】

	Tシャツ	ジーンズ	ジャケット	肌着	アクセサリー	商品計
A支店	6,660	11,671	15,034	867	5,197	39,429
B支店	22,466	9,913	22,830	887	9,908	66,004
C支店	58,000	43,479	106,462	5,788	38,105	251,834
D支店	15,258	4,649	14,084	1,070	3,719	38,780
E支店	7,529	868	8,121	196	1,841	18,555
F支店	22,570	8,307	37,566	1,086	8,515	78,044
G支店	34,857	9,231	63,929	2,077	15,414	125,508
H支店	15,354	7,277	19,947	605	4,799	47,982
I支店	8,000	2,871	10,499	223	2,177	23,770
J支店	14,630	32,123	30,852	813	7,037	85,455
全店計	205,324	130,389	329,324	13,612	96,712	775,361

　まずは、商品別支店別倍率を算出します。

　増減率は基本データが対比データに対してどれくらいの数値かを算出します。

　例えばA支店Tシャツの増減率は、6,573÷6,660 ＝ 0.987となります。対比する2007年度の販売実績の98.7％ということです。数式をコピペして全ての支店の増減率を算出します。

【商品別支店別倍率】

	Tシャツ	ジーンズ	ジャケット	肌着	アクセサリー	製品計
A支店	0.987	0.996	1.066	1.065	0.901	1.010
B支店	0.929	1.169	1.056	1.186	0.910	1.010
C支店	0.902	1.194	0.998	1.093	0.857	0.990
D支店	0.954	1.160	1.060	1.069	0.955	1.021
E支店	0.954	1.213	1.067	1.153	0.945	1.017
F支店	0.922	1.214	1.035	1.169	0.922	1.011
G支店	0.885	1.149	1.009	1.042	0.887	0.971
H支店	0.916	1.075	1.059	1.106	0.920	1.003
I支店	0.913	1.084	1.062	1.126	0.939	1.004
J支店	0.957	1.006	1.073	1.133	0.917	1.016
全店計	0.918	1.116	1.029	1.098	0.890	0.998

あとは特化係数と計算方法は同じです。

A支店Tシャツの商品別支店別倍率のA支店倍率における構成比は、$0.987 \div 1.010 = 0.977$ となります。

他のセルにコピペして全ての支店の構成比を算出します。

【商品別支店別倍率の構成比】

	Tシャツ	ジーンズ	ジャケット	肌着	アクセサリー	製品計
A支店	0.977	0.986	1.055	1.054	0.893	1.000
B支店	0.920	1.158	1.046	1.174	0.902	1.000
C支店	0.910	1.206	1.007	1.104	0.865	1.000
D支店	0.935	1.137	1.039	1.048	0.935	1.000
E支店	0.938	1.193	1.049	1.134	0.929	1.000
F支店	0.912	1.201	1.024	1.156	0.912	1.000
G支店	0.912	1.183	1.040	1.074	0.914	1.000
H支店	0.914	1.072	1.057	1.103	0.917	1.000
I支店	0.910	1.080	1.058	1.121	0.936	1.000
J支店	0.942	0.991	1.056	1.115	0.903	1.000
全店計	0.920	1.118	1.031	1.100	0.892	1.000

最後は拡大係数の算出です。

A支店Tシャツの商品別支店別倍率 0.977 を全店の商品別支店別倍率 0.920 で割ります。

	Tシャツ	ジーンズ	ジャケット	肌着	アクセサリー	製品計
A支店	1.062	0.882	1.024	0.958	1.001	1.000
B支店	1.000	1.035	1.015	1.067	1.011	1.000
C支店	0.990	1.078	0.977	1.003	0.970	1.000
D支店	1.016	1.017	1.008	0.952	1.049	1.000
E支店	1.020	1.067	1.018	1.030	1.042	1.000
F支店	0.991	1.074	0.993	1.050	1.022	1.000
G支店	0.991	1.058	1.009	0.976	1.025	1.000
H支店	0.994	0.959	1.025	1.002	1.029	1.000
I支店	0.989	0.966	1.026	1.019	1.049	1.000
J支店	1.024	0.886	1.025	1.014	1.012	1.000
全店計	1.000	1.000	1.000	1.000	1.000	1.000

<u>拡大係数の求め方</u>　＊A支店のTシャツの拡大係数
① 商品別支店別倍率を求める（6,573 ÷ 6,660 = 0.987）
② A支店Tシャツの製品別支店別倍率のA支店倍率
　における構成比を求める（0.987 ÷ 1.010 = 0.920）
③ エリア計Tシャツの製品別倍率のエリア計倍率
　における構成比を求める（0.918 ÷ 0.998 = 0.920）
④ A支店Tシャツの倍率シェア②をエリア計Tシャツ
　の倍率シェア③で割る（0.977 ÷ 0.920 = 1.062）

算出された1.062がA支店Tシャツの拡大係数となります。
他のセルにコピペをして全店の拡大係数を算出します。
特化係数と同じく拡大係数が1を超える商品カテゴリーは、他の店と比較して特徴的に伸びている（増加している）カテゴリーと捉えます。

A支店では、Tシャツ (1.062)、ジャケット (1.024)、アクセサリー (1.001) が他の店よりも特徴的に増加している商品カテゴリーと言えます。

このように特化係数と拡大係数を算出することで、どのような商品が特徴的な販売傾向にあるのかを把握することができるのです。そして支店別にグラフ化することで、自拠点の強みや弱みをビジュアルに把握することができます。

(単位:円)

C支店	Tシャツ	ジーンズ	ジャケット	肌着	アクセサリー	製品計
特化係数	0.861	1.107	0.973	1.314	1.177	1.000
拡大係数	0.990	1.078	0.977	1.003	0.970	1.000
販売金額	5,2297	51,922	106,212	6,329	32,647	249,407

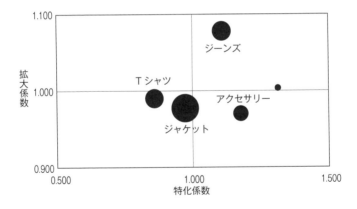

上の図は、3要素を掛け合わせた「バブルチャート」と言います。横軸に特化係数、縦軸に拡大係数をとり、各商品カテゴリーの数値をプロットします。バブル (円) の大きさが販売金額です。

C支店の特徴は、ジーンズと肌着にあります。他の店と比較して特徴的に販売が増えており、かつ店の売上構成比も他の店よりも大きいカテゴリーです。中でもジーンズは、販売金額も大きいので、今後のC支店の目玉となる商品カテゴリーと言えます。

　最も販売金額の大きいジャケットは特化係数、拡大係数ともに低い数値のため、C支店のあるエリアの特性からすると少しミスマッチを起こしている商品カテゴリーと捉えられます。

　少しずつジーンズなどのカジュアル衣料に重心を移していくことが課題として考えられます。その際にTシャツもジーンズに合うようなカジュアルな商品の品揃えを増やすことで、相乗効果を狙うことができるでしょう。

　このようにバブルチャートを用いると、各領域に入る商品カテゴリーの意味を捉えることが可能となります。

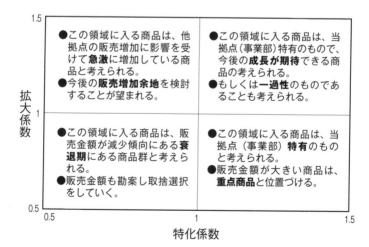

第3章

確率思考を
マーケティングに活かす

▶09 市場の構造を客観的に把握する

　感覚的に市場が上り調子なのか下り調子なのかを捉えることは、とても危険です。自分の立場によって都合の良いように需要を捉えるからです。定量的に客観視することが求められます。

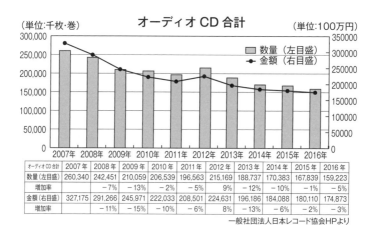

オーディオCD合計	2007年	2008年	2009年	2010年	2011年	2012年	2013年	2014年	2015年	2016年
数量(左目盛)	260,340	242,451	210,059	206,539	196,563	215,169	188,737	170,383	167,839	159,223
増加率		-7%	-13%	-2%	-5%	9%	-12%	-10%	-1%	-5%
金額(右目盛)	327,175	291,266	245,971	222,033	208,501	224,631	196,186	184,088	180,110	174,873
増加率		-11%	-15%	-10%	-6%	8%	-13%	-6%	-2%	-3%

一般社団法人日本レコード協会HPより

　例えば上の図は、オーディオCDの市場規模の推移です。iPodなどの携帯音楽プレイヤーやスマホの普及に伴い、ネット上の音楽配信サービスに押され、オーディオCDの市場は減少傾向にあります。毎年減少を続けており、2016年は2007年の約6割（数量）の規模になっています。

　この数字をどのように捉えるべきでしょうか？

　オーディオCD市場は驚くべきスピードで衰退しています。今

後もこの傾向は続くと考えられます。

このようにデータを収集しグラフで表現することで市場規模を客観的に把握することができます。

1 市場規模の推移とライフサイクル

人に一生があるように、商品や市場にも一生があります。ライフサイクルとは、商品が世の中に出てから市場規模がどんどん大きくなり、いずれは無くなるというサイクルを示したものです。

対象が市場であったり、商品であったりいくつかバリエーションがありますが、基本的な考え方は同じです。

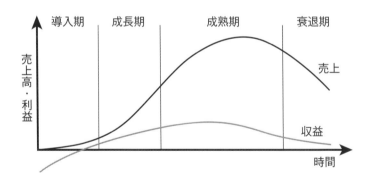

ライフサイクルは横軸に時間軸、縦軸に売上高と利益をとります。

自社の属する市場がライフサイクルのどの位置にあたるのかしっかりと把握しておくことが重要です。それぞれの時期に応じ

てマーケティングの施策が異なるからです。

　商品が市場に初めて投入された時期を「導入期」と呼びます。この時期は売上高も低く、利益が出ない時期です。

　商品を製造する際には研究費や開発費がかかります。そうした固定費はまだこの時期には回収できていません。従って導入期にはマイナスの利益となるのです。

　導入期はまだその商品やサービスの名前が浸透していませんので、認知を高めるための広告に力を注ぐべきです。若者に人気のクラフトビール市場が導入期に該当します。まだまだクラフトビールがどのようなビールであるのか知らない人が多い状況ですので、クラフトビールの概要と価値を訴求しなければ、いずれ市場から消えてしまいます。

　導入期を過ぎると競合企業も同様の商品を投入しはじめ市場規模が急激に増加していきます。

　この時期を「成長期」と言います。売上と共に利益も増加してくる時期です。この時期は競合企業との競合が激しさを増します。ですから他社との差別化を意識して商品の企画を行う必要があります。

　例えばハイブリッドカーは成長期と言えます。どのメーカーもハイブリッドカーを市場投入しています。

　導入期と違ってハイブリッドという言葉は市民権を得ています。ハイブリッドと聞くとガソリンと電気と両方で動く自動車ということを誰でも知っています。

　ですから数あるハイブリッドカーの中でも顧客から選ばれるために差別化が必要となります。例えばデザインとかパワーとか、

他の車種とのプラスアルファの違いを創出します。

そして成長期を過ぎるとピークを迎える「成熟期」に入ります。成熟期には売上、利益ともにピークを迎えます。需要が落ち込まないように新たなターゲットを設定したり、使用方法を提案したりします。

例えば化粧品メーカーが女性以外にもターゲットを広げるために男性用の化粧品を企画したり、朝用、昼用、夜用のファンデーションなど新たな用途展開を提案することによって1人当たりの使用量を増やしたりします。

スマホやタブレットに押され気味のパソコンも成熟期に該当します。

ネット閲覧だけではスマホやタブレットに代替されてしまいますので、ビジネス用パソコンとして頑丈さを付加したり、リビングにおいてテレビと兼用するなど家具としてのデザインを磨いたりしています。このように市場を細分化して需要低減に対して延命策を講じているのです。

成熟期を過ぎると「衰退期」に入ります。衰退期はそのままでは市場から消えてなくなります。ただ利益はプラスにあるケースがあります。利益ベースを維持するために固定客の囲い込みなどを検討する時期に相当します。

前述のオーディオCDがまさに衰退期と言えるでしょう。

音楽配信になりCDならではのオマケとして、特典映像やアーティストのメッセージや写真などをつけて固定客からの支持を維持します。

段階	状況	対策
導入期	顧客が少なく様子見(効果があるか懐疑的な)状況	商品の認知、ベネフィットを訴求する
成長期	競合企業が出現し顧客の選択肢が広がる段階	自社の差別的優位点を訴求する
成熟期	ピークを迎え、いずれ需要は縮小する	延命する措置を検討する
衰退期	このままではいずれ市場から消える	撤退の意思決定／固定客とのビジネスを継続する

2 ABC分析

　自社の顧客状況や商品売上を客観的に把握する手法としてABC分析があります。

　ABC分析は、資源配分を適切に行うために、重点事項(商品、顧客)をABCにランク分けして優先順位を明らかにするものです。

　商品や顧客を売上高や利益の高い順にランキングして低ランクのものを整理(削減)していきます。

　顧客ABC分析であれば、各顧客の売上全体に占める構成比と累積構成比を算出して、売上高が全体の70%を占める顧客をAランク、95%までをBランク、95〜100%をCランクなどでランク付けし、営業マンなどの人員数を決定していきます。

　業種や扱う商品によってバラツキが異なるため、角度が急に下がるところを基準とするやり方もあります。グラフ化することによって市場の状況をビジュアルに捉えることができます。

　横軸には顧客名を記載し、縦軸には売上高と累積構成比をとります。顧客は売上高が多い順に並び替えておきます。グラフの右

側の目盛は売上高を示しており、累積構成比は折れ線グラフで左側の目盛を示しています。

以下は取引顧客別の 2016 年度売上高を使用して ABC 分析したものです。緑山は 2016 年度の売上高が全売上の 32％を占めています。棒グラフで見るとダントツに高い売上であることがわかります。

以下売上高が高い順に並び替え、それぞれの構成比と累積構成比を算出していきます。

顧客ID	顧客名	2016年度売上高(円)	売上構成比	累積構成比	ランク
23	緑山	312,171,167	32%	32%	A
27	西山	215,768,216	22%	55%	A
24	カスミ	64,927,566	7%	61%	A
25	みなと	59,584,473	6%	68%	A
15	正木	52,612,000	5%	73%	B
20	矢崎	36,411,320	4%	77%	B
7	木崎	34,629,340	4%	80%	B
5	大澤商店	34,000,000	4%	84%	B
26	ヤマモト	30,194,956	3%	87%	B
29	北口	28,363,437	3%	90%	B
8	クドウ	20,665,310	2%	92%	B
1	アオキ	19,825,500	2%	94%	B
2	伊藤	19,134,084	2%	96%	C
28	東出	12,547,050	1%	98%	C
9	小室	7,509,853	1%	98%	C
22	白崎	6,563,050	1%	99%	C
3	宇田川	3,488,700	0%	99%	C
18	明治	1,348,000	0%	99%	C
21	赤坂	1,285,100	0%	100%	C
10	サトー	1,190,476	0%	100%	C
16	皆川	730,000	0%	100%	C
6	香川	640,000	0%	100%	C
4	エトウ	602,000	0%	100%	C
19	桃太郎	146,404	0%	100%	C
11	鈴木	111,300	0%	100%	C
12	タグチ	105,605	0%	100%	C
17	ムトー	88,230	0%	100%	C
13	篠崎	58,840	0%	100%	C
14	浜口	8,700	0%	100%	C
	合計	964,710,677			

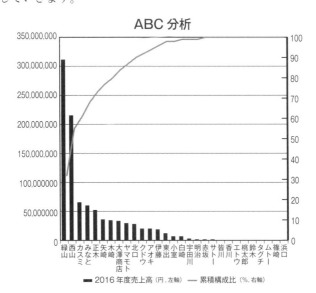

第 3 章　確率思考をマーケティングに活かす

累積構成比は聞きなれない方もいるかと思いますが、前の順位の構成比と当該構成比を足したものです。売上高が2番目に多い西山は売上構成比が22％ですので、前の順位の緑山の売上構成比32％と足した55％が西山の累積構成比となります。
　以降順次同じ計算をしていきます。
　最終顧客である浜口の累積構成比は100％になります。
　Cランクの企業の売上貢献は低く、当社にとって重要度の低い顧客となります。
　営業担当者が訪問するなどしていた場合には、利益ベースにのっていない顧客かもしれません。今後の売上拡大の見込みがない顧客については取引の絞り込み対象となります。

　法人向けビジネスを展開している企業（BtoB）では一般的に需要が集中していて20：80の原則が強く出る傾向があります。少数の大口顧客に支えられている状況です。顧客数はBtoCと比較すると少なく顧客の顔が見える状態にあります。
　生活者向けビジネスを展開している企業（BtoC）では需要が分散しており不特定多数の顧客によって支えられてきます。多くの顧客の顔を認識することは困難な状況にあります。

　顧客ABC分析を見ていただきましたが、商品でもABC分析はできます。コンビニエンスストアは限りあるスペースにできるだけ売上貢献の高い商品を陳列するために、絶えずABC分析を行っています。Cランクに位置する商品は新しい商品と入れ替えとなります。

3 パレート分析

パレート分析とは、イタリアの経済学者パレートの名に由来し、ABC分析を応用した分析方法です。全体の結果に対して貢献度の高い要素の集中度やその偏りを見るために使います。

20:80の原則などの経験則としても知られています。これは全体の20%の顧客で、全売上の80%を占めているという意味です。

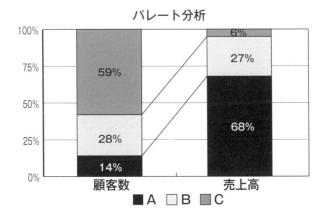

図は先ほどの顧客別データを使ってパレート分析を行ったものです。

顧客数で14%しかないAランク企業4社で全体の約7割の売上を上げています。それだけ需要が偏っていることを示しています。この企業はこの4社に支えられている言えます。

全体の約6割17社もあるCランク企業の売上高は、全体の売上の6%しかありません。

Cランク企業の中には、Aランク並に手間のかかる企業もあるかもしれません。そうした売上貢献の少ないCランク企業を担当する人員を削減し、Aランク企業や今後取引拡大が見込めるBランク企業に振り向けることが営業戦略を検討する上では必要となります。

　ただしCランクの中にはAランク企業とのつながりのある企業や、業界の老舗的な存在で邪険にはできない企業も含まれているかもしれません。定性的な状況も加味して意思決定することが必要となります。

　このようにパレート分析を行うことによって、現状を客観的に把握することができ、合理的な意思決定をすることができます。

▶10 マーケティングファネルを活用して伝達価値を最大化する

1 お客様の意識プロセスは、ファネル構造にある

ファネルとは漏斗のことを言います。入口は広く、出口に行くに従って、細く狭くなっている円錐のような形状で、灯油や醤油などを他の容器に移し替える時に使用する器具です。

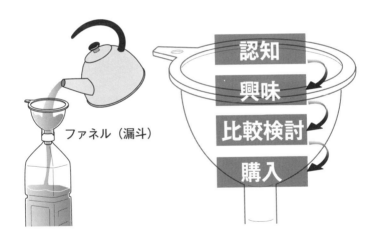

お客様の意識プロセスもこれと同じ構造となっています。

お客様が商品やサービスを購入するには、まずは商品やサービスの存在を知っていただくことから始まります。マーケティング用語では「認知」と言います。どのようなことに役立つものな

第3章 確率思考をマーケティングに活かす

のか、これまでの商品との違いは何かを知らなければそもそも購入しようという意識にはなりません。最初に認知があるということです。

例えば最近話題の自動運転自動車で考えてみましょう。自動運転自動車とは高速道路などで前方を走る自動車を追尾し設定したスピードを維持しながら走行車線をはみ出すことなく自動で運転してくれる機能を持つ自動車ということを知っているかどうかということです。こうした自動運転自動車の特徴や名前を知らなければ次のステップにはいかないということです。

「認知」の次はその商品・サービスに「興味」関心を抱くというステップです。その商品やサービスについての特徴や機能を知っているけれど興味がなければ購入には至りません。自分には関係ないと思うものを購入する人はいません。

自動運転自動車の特徴を知っていても、街中だけの運転が多くほとんど高速道路を走らない人にとって、自動運転自動車は興味関心の対象とはならないでしょう。魅力にも感じませんので購入することはありません。

仕事で毎日のように高速道路を使っている自営業者の人や、休日になると遠出するファミリー層など、自動運転自動車の恩恵にあずかる人だけが次のステップへ進むのです。

「興味」の段階では、前プロセス「認知者」よりも数が減少します。

次は他の自動車と「比較検討」する段階です。自動運転自動車に「興味」を抱いている人は、従来型の自動車との違いを検討

します。自動運転自動車は魅力的だけど、従来型の自動車よりも価格が合わない、よく使う高速道路があまり渋滞しないので機能が必要ない、自分の好きなブランドに自動運転機能のついていない、などが考えられます。この段階に進む人は、そろそろ自動車を購買（買い替え）しようと考えている人が多くいます。ですから昨年買ったばかりの人など現在所有している自動車の車歴が浅い人は、この段階まで進まないのが一般的です。当然「興味」段階よりも人数は少なくなります。

最後のプロセスが「購入」です。他の車種と比較して自動運転自動車に対して価値を感じた人が購入という最終段階まで進むのです。前述の価格的な問題や、ブランドの問題で振り落とされる人がいます。ですから「比較検討」段階よりも少なくなるのです。

自社の売上を伸ばそうとするならば、マーケティングの効率を高め、このファネル構造をできるだけ寸胴なカタチにしたいと考えます。先へいくほど尖った構造ではなく、入口は広く、そして出口まで脱落者が少ない構造を目指すということになります。

2 ファネル構造を数字で押さえる

前項で示したように、顧客が商品を購入しようと考え、実際に行動するプロセスは、以下のプロセスとなります。

認知 ➡ 興味 ➡ 比較検討 ➡ 購入

ターゲットとする人を100％とした時に、その中で認知して

いる人は何％なのか、興味を感じている人は、比較検討した人は、そして最終購入した人は何％いるのかということを割合（数字）で押さえます。

このプロセスは数字で表すことができ、定期的に測定することによってコントロールすることができます。

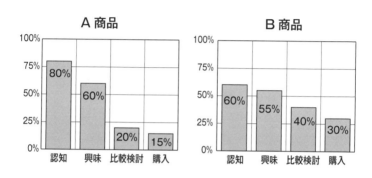

図はA商品、B商品の顧客の購買意識行動プロセスを数値で表したものです。

A商品は、ターゲットに対して認知率80％です。8割の人に知れ渡っているという状態です。そして興味を抱いている人はターゲットの60％、比較検討した人は20％、購入した人はターゲットの15％と読みます。

前述したように、できるだけ入口は大きい漏斗のほうが良く、最後まで太い漏斗の方が望ましいということです。

A商品とB商品のどちらがマーケティング的に望ましいファネル構造でしょうか？

B商品は次プロセスでの漏れる割合が低いことがわかります。

認知はA商品よりも20ポイント低いですが、そこから先のプ

ロセスは順調です。

こうしたファネル構造の中で、次プロセスへどの程度の割合で移行できたかを明らかにする指標が転換率です。

転換率は以下の数式で計算します。

転換率＝当該プロセスの比率÷前プロセスの比率

例えばA商品の興味段階の転換率は、60％÷80％で75％となります。

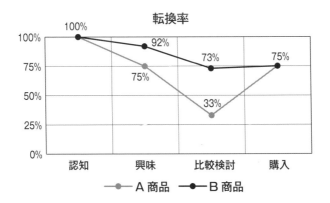

このような数値が確認できた場合にA商品、B商品のやるべきことは明確です。

A商品は高い認知率がある反面、興味と比較検討のプロセスに深い断層があります。興味を持ってもらった段階で次の比較検討へ進むように工夫しなければなりません。これは「興味」を持っているが、あまりにも斬新な商品であるために購入しようという意識までいかない状況にあります。

例えばスマホの機能を部分的に腕時計形式の機器で代替できる「スマートウォッチ」があります。非常に先進的で魅力的ですが、スマートウォッチでどれくらい生活が便利になるかがわからない人が多いと思います。このような状況であることが想定できます。

　この場合には使用シーンやスマートウォッチのベネフィットをできるだけわかりやすく伝えることが方策として考えられます。

　対するB商品は、認知 ➡ 興味 ➡ 比較検討 ➡ 購入　の流れが漏れなく非常にスムーズですので、認知そのものを上げることが課題となります。ターゲットに対する認知が高まれば、より多くの人に購入してもらうことができます。

　ファネル分析は競合商品と比較することも有効ですが、過去のデータと比較することで、プロモーションそのものの効果測定をすることに役立ちます。

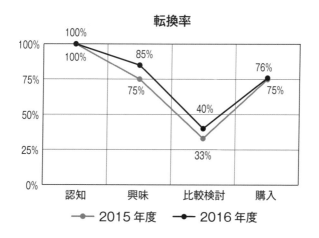

2015年度に33%だった比較検討の転換率が40%に増加しています。課題解決のための施策の効果が確認できます。使用方法などを具体的に訴求することによって、比較検討だけでなく、興味の転換率も増加しています。プロモーションの方向性が間違っていないことがわかります。

　プロモーション活動は、それだけでは売上につながったかどうかを把握することが困難です。顧客の購買意識行動プロセス毎に数値で管理することによって効果測定と新たな課題を設定することが可能となるのです。

3　ボトルネックの発見と要因分析

　定量データによるファネル管理の効果についてご理解いただいたと思います。

　重要なのは現状のファネルを認識し、問題を特定し、課題解決のための施策を検討することにあります。

　そのためには問題が起きた要因や背景を知ることが必要です。そこで仮説思考が役立ちます。

　寸胴型にならないファネルにおいて、どこが詰まっているのかボトルネックを発見し、その要因を探索するのです。

　認知が低いのは何が原因でしょうか？　例えばターゲットに対する訴求力が足りないために記憶に残らないことが考えられます。20代若者を対象としているのに、落ち着いた雰囲気の広告を展開していたのでは彼らの心を掴むことができません。楽しさ

や活力あるイメージが必要です。また媒体に問題があるのかもしれません。ターゲットの生活動線上にない媒体を使っているのかもしれません。最近の20代若者はテレビを見ません。見ても録画視聴が多いのでテレビＣＭは有効ではありません。こうしたターゲットとプロモーションのミスマッチが原因と考えられます。要因が明らかになればターゲットの心に響く適切なプロモーションを行うことが課題となります。YouTubeを使った動画での展開などが具体的な施策として考えられます。

　興味関心が低いのは、ターゲットのニーズとマッチしていないことが原因として考えられます。例えば独身男性に本格的な味わいのパスタソースを提案する際に、専門店でしか購入できないパスタ麺との相性が抜群と訴求する場合を考えてみましょう。独身男性ですから残業で忙しく調理する時間も買い物の時間も節約して、おいしいパスタを自宅で楽しみたいと思っています。専門店でしか購入できないパスタ麺との相性が抜群でも、忙しい独身男性の関心を惹くことはできません。訴求のポイントがずれていることが要因として考えられます。ターゲットとする顧客層の行動特性やニーズをしっかりと把握して訴求事項を再構築することが必要です。

　比較検討が低いのは、興味はあってもすぐには購入しようと思わないので、比較検討しないことが要因として考えられます。例えばクールビズ用のビジネスポロシャツについて非常に興味を持ったけれども余分なお金がないので比較検討すらしなかったとします。興味はあるがすぐには行動に移さないパターンです。緊

急性がないことが要因と考えられます。

　こうした場合には抗菌仕立てをしているので、汗の匂いが気にならないとか、洗濯機だけでアイロンをかける必要がないとか本来の価値にプラスアルファの価値や、使用する際に受けるベネフィットを訴求することが課題として考えられます。

　最後の購入が低いのは、価格が合わない、買いたくても近くに店舗がないなどの購買上の要因が考えられます。比較検討の施策としての付加価値やベネフィットの提案をしても購入率が高まらない場合には、グレードを少し下げた廉価版を企画することも検討してみましょう。もしくはターゲットを少し上位に変更するなどが考えられます。配荷の問題については粘り強く営業展開していくことが方策として考えられます。

　こうして要因について仮説設定できたら施策を展開していきます。どうすればボトルネックを解消できるのかということを考えていくのです。

▶11 定量データを活かして営業パフォーマンスを最大化する

　プロモーションだけでなく営業分野にもデータ分析を活用することができます。訪問件数や提案件数、クロージング件数などの営業活動における記録をデータとして蓄積し、最良のモデルを作ります。最良モデルとの比較から営業活動を軌道修正することでパフォーマンスを高めていきます。

　優秀な営業担当者は、意識的か無意識かは別として営業活動において一定のパターンやプロセスを持っているものです。業種別、企業別に異なるパターンと自身の活動を比較して行動を管理することによって高い営業実績を目指していきます。

1　数値管理で確度を上げる

　商品はいきなり売れるわけではありません。顧客の購買意識行動のプロセスで見た通り、顧客は、認知 ➡ 興味 ➡ 比較検討 ➡ 購買といったプロセスに従って購買していきます。

　商品を提供する側は、この顧客の購買意識行動に則って営業活動のバランスを保たなければなりません。

　営業活動のバランスが取れていない営業担当者は業績が乱高下するジェットコースター症候群に陥ることがあります。取引金額の大きい顧客の対応に時間を割かれて、新たな顧客や案件を創出することができずに、業績が不安定になることを言います。業

績のグラフがジェットコースターの軌道にように描かれることからそのように名付けられました。

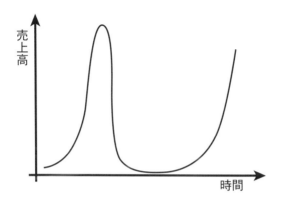

　営業部門の評価は6カ月や12カ月という比較的短期でなされることが多いので、このような営業実績は望ましくありません。ある年は高業績ですが、次の年はさっぱりという状況になりかねないからです。ではジェットコースター症候群にならないようにするにはどのようにしたら良いでしょうか。

　ポイントはリードを管理することにあります。リードとは見込み顧客のことです。取引になった顧客にばかり時間を割くのではなく見込み客に対する時間を作って次の実績を作っていくのです。
　ナーチャリングというキーワードがあります。これは育成という意味で、取引のない顧客を育成して実績に結びつける活動のことを言います。獲得したリードに対してメールやホームページで顧客の関心の高そうな情報を提供することや、訪問して顧客の

相談に乗ったりする活動をすることで受注確度を高めていくのです。

　ジェットコースター症候群に陥った時に営業担当者がとる行動として多いのが、引き合い案件に注力するということです。引き合い案件でも既存顧客であればいいですが、得てしてこれまで全く取引のない白地顧客に対して注力してしまうことは危険なことです。
　なぜならば顧客も人間ですので関係性のない（薄い）取引先から大口の案件を依頼することは少ないからです。
　図は顧客育成のプロセスを示したものです。

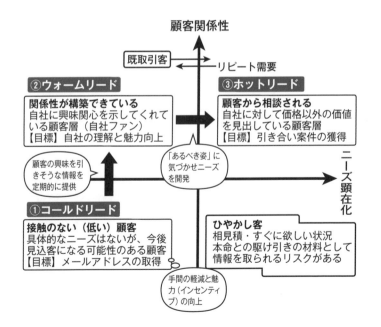

営業実績が寂しくなってくると、右下の「冷やかし客」に走りがちです。冷やかし客はその名のとおり相見積が目的のことが多く、どこか他の企業（本命）との駆け引きに使われるために自社に接近していることが多いです。冷やかし客に注力しても大きな実績を獲得することはできません。縦軸の顧客関係性を築くことから始めることが賢明です。いきなり案件を相談されることは稀です。まずは①コールドリードとの関係性を築くことが先決なのです。そうした関係性の薄い、接触のない顧客のことをサスペクトリードと言います。サスペクトとは疑わしいセールスリードと言えばわかりやすいかもしれません。現時点では、売上や取引が成立するか疑わしく、今後どのような展開が予想されるか不明な顧客という意味になります。そうしたサスペクトリードに対してナーチャリング、各種の情報提供や顧客の課題に対する相談に乗ってあげることによって、②ウォームリードに昇格します。

　ウォームリードは自社との関係性ができているので信頼関係が構築されています。ただ具体的な商品購入のニーズが顕在化していない段階です。この状態をプロスペクトリードということがあります。プロスペクトリードとは取引成立に向けて案件や提案につながりそうな顧客という意味です。顧客との関係性が充分できていますのでこちらからの提案に対して耳を傾けてくれます。そうした顧客に対して顧客が抱える課題を自社商品で解決する方策を提案します。プロスペクトリードに対してニーズを開発していく活動を行い、次の③ホットリードへつなげます。

　ホットリードは自社にとってかなり有利な顧客であり、競合

他社よりも自社の価値を認めてくれているので売上確率は高まります。ホットリードの中で既存取引のある顧客からの追加注文につながる可能性の高い顧客をカスタマーリードと言います。

このように顧客を育成するという位置づけで各リードを管理していくことが安定した業績を維持するポイントとなります。前述のジェットコースター症候群の営業担当者は③ホットリードばかりで、②ウォームリードや①コールドリードが極端に少ない状況にあります。

各リードの構成比をカウントし、バランスの良い営業活動を行うことが必要です。業種や扱い商品の単価にもよりますので一概には言えませんが、①コールドリード：②ウォームリード：③ホットリード＝6：3：1くらいの構成比を維持することを目指しましょう。そしてそれぞれのリードに対して時間工数を配分していくことが営業マネジメントということになります。営業マネジャーであれば部下の活動を定量的に把握し、偏りがあれば軌道修正するなどサポートすることが必要となります。

2 売上を分解して課題を設定する

売上高をそのまま見ていたのでは何も見出すものがありません。自身の売上高を分解することで、売上実績を高めるための施策を導くことができます。

売上高は、以下のように分解することが可能です。

売上高＝客数 × 客単価 ×購買頻度

すなわち自身の担当している顧客の総数に、1取引当たりの販売金額単価の平均を掛け合わせます。さらに期間中の購買頻度を掛けます。こうすることで、どの要素を増やすことができるかを考え、具体的な施策へつなげることが可能となります。

では具体的な手順について解説していきます。まずは販売台帳などからデータを収集します。

営業期	売上高 (円)	客数(人)	客単価 (円)	頻度(回)
2015年上期	15,000,000	30	200,000	2.5
2015年下期	18,750,000	25	250,000	3.0
2016年上期	12,600,000	12	300,000	3.5
2016年下期	10,540,000	10	300,000	3.8

上記のようなデータを遡って収集します。

それぞれの期毎にグラフ化をすることによって、よりわかりやすくなります。

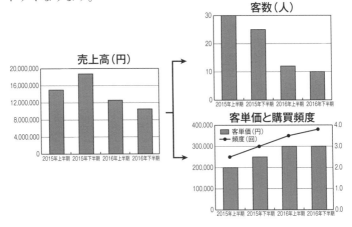

データから2016年上期まで客数を絞り、客単価と購買頻度を伸ばすことによって売上を増加させてきました。ただ客単価、購買頻度を高めることが限界に達し、2016年下期は売上高が減少してしまいました。

　このように売上高を分解することによって、現在の売上高の状況がよりわかりやすくなります。この例では今一度新規開拓を行うことで顧客数を増加させることが課題と言えます。

　さらに現時点の取引顧客をポートフォリオに描くことで、具体的にどの顧客に対してアプローチしていくべきかが見えてきます。

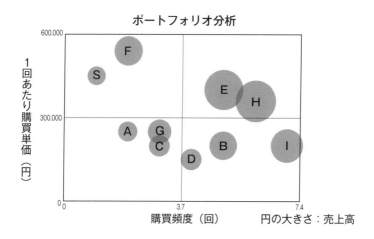

縦軸に1回当たり購買単価、横軸に購買頻度を取ります。
　ポートフォリオを見ると購買単価も購買頻度もともに高いEやHの円がひときわ大きいことがわかります。活動が重点化し

ているとも言えますが、EやHに続く顧客が少ないことが課題として見えてきます。

3 勝利の方程式を作成し、実行計画に落とし込む

営業活動をデータ化し分析することで、どのような活動、行動が高い成果に結びつくのかを知ることができます。訪問件数、デモンストレーションの回数、トップとの面談件数、提案件数などから売上実績につながるデータを探索していきます。

2章で学んだ相関係数と散布図が役立ちます。まずは以下のようなデータを収集します。

月	売上高（円）	訪問顧客数	有効面談件数	課長面談件数	提案書提出数	デモンストレーション件数	見積書提出件数
4月	2,000,000	40	21	0	3	1	5
5月	4,000,000	30	20	8	3	8	13
6月	5,000,000	32	25	3	4	18	18
7月	3,200,000	33	26	2	3	4	8
8月	4,300,000	32	26	6	3	6	12
9月	3,700,000	39	30	4	4	6	9
10月	4,800,000	36	29	3	4	13	14
11月	4,000,000	37	28	5	5	10	8
12月	4,900,000	38	31	8	5	9	15
1月	5,000,000	39	30	6	3	16	16
2月	5,500,000	32	24	5	3	20	18
3月	2,500,000	38	32	1	4	3	3
合計	48,900,000	426	322	51	44	114	139

各データと売上高との相関係数を算出します。

	訪問顧客数	有効面談件数	課長面談件数	提案書提出数	デモンストレーション件数	見積書提出件数
売上高との相関係数	−0.38	0.13	0.65	0.13	0.89	0.94

デモンストレーションの件数、見積書提出件数との相関関係が強いということがわかります。

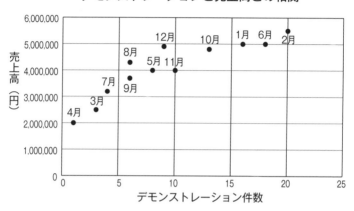

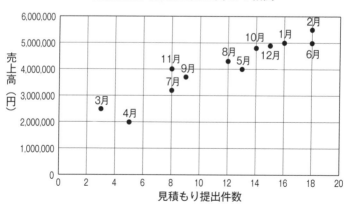

見積書提出件数は、取引をするのに社内決済が必要ですので、売上高との相関係数が高いのは当然のことです。
　そうなるとデモンストレーションできるかどうかが、売上増加のポイントと言えそうです。
　デモンストレーションには顧客にも準備や日程調整が必要ですので、よほどの関係が構築できていないと実現しません。デモンストレーションできるくらいのコミュニケーションをとることが営業活動においては重要ということです。

　このようにデータを使って営業活動におけるポイントとなる行動を導き出すことが可能です。
　営業担当者であれば自身の活動記録の中からデータを抽出し、どのような活動に注力すべきか検討することができます。営業担当者を束ねるマネジャーの立場であれば部下にデータを集めさせて、部門全体のデータを分析することで、組織の底上げを実現することができます。
　この例のようにデモンストレーションが売上向上に大きく影響を与えることがわかれば、苦戦している営業担当者に顧客とのコミュニケーションを良好にさせてデモンストレーションできる関係づくりをするように指導することができます。
　どのようなデータを収集すれば良いかは、営業成績の優秀な担当者から日頃の行動を聴取します。優秀な営業担当者ほど自分自身の行動を無意識で行っている可能性があるので、ざっくばらんにヒアリングすることが必要です。ささいな行動が受注に大きく影響を与えていることもあるからです。
　そして営業成績に苦戦している担当者にも同様のヒアリング

を行い、その差をもたらしている具体的な行動を見出していきます。

　このようにデータを活用して営業実績に大きな影響を与える行動を把握することができたら、その行動を中心にして前後の行動を計画に落としていきます。通常営業組織では6カ月単位で評価されることが多いので、6カ月で成果が出るようにアクションプランを作成していきます。

　デモンストレーションしてから平均でどれくらいの時間で受注までこぎつけるのか、過去の成約事例をもとにして逆算していきます。また初めて訪問してからデモンストレーションできるまで関係性が構築できるのにはどれくらいの時間がかかるのかを算出していきます。

　初めての訪問、デモンストレーション、そして受注というマイルストーンを立てて、詳細なアクションプランに落とし込んでいくことが成功する営業プロセスを構築するポイントとなるのです。

▶12 市場規模を予測する

　市場規模を予測することは事業を展開する上で、とても重要です。

　市場規模を過大評価してしまうと、大きな投資に見合うだけのリターンが得られないことがあります。

　逆に過小評価してしまうとせっかくのビジネスチャンスを取り逃すことになってしまいます。

1　市場規模推定の方法

　市場規模とは業界や商品など、特定分野における市場の大きさを表すもので、当該市場での1年間の取引金額総和、総売上高となります。

　市場に参入している企業の全てが、正確な取引額を申告してくれれば間違いはないのですが、漏れもダブリがあるのが現実です。

　一方1円の差異もなく正確な市場規模を求めなくてはならないというものでもありません。大体の規模感、概数で構わないのです。

　例えば菓子市場であれば3兆3339億円と「菓子統計 e - お菓子ねっとHP（菓子小売金額）」で発表されていますが、極端な話1000億円未満はなくても構わないのです。3兆3000億円と認

識できれば良いのです。

　市場規模の簡単な調べ方は、各省庁や業界団体、民間調査会社が発表しているデータを収集することです。

　例えば、自動車産業においては、財務省の「法人企業統計調査」や経済産業省「工業統計調査」などで調査が実施されています。法人企業統計調査では輸送用機械器具製造業の自動車・同附属品製造業の項目を調べます。

　工業統計調査では品目編をExcelデータでダウンロードしてデータを入手することができます。

　また業界団体の調査レポートを収集することもできます。業界団体が発表している調査はほとんどが無料で公表されていて、HPで閲覧することも可能です。

　ほかに有料ですが、矢野経済研究所や東京商工リサーチなどの民間調査会社の調査レポートから収集することもできます。

　市場規模の算出方法には大きく3つのアプローチがあります。

(1) シンプルな予測式で推定する
(2) モデル式から推定する
(3) 複数の情報を組み合わせて類推する

2 シンプルな予測式で推定する

市場規模を見込客数と単価、利用頻度の掛け合わせから類推します。

市場規模＝見込客数（領域内のエンドユーザー数×普及率）×1回当たり金額×利用頻度

例えばテーマパークの市場規模を算出してみましょう。

テーマパークは大人を中心として、ファミリー層の利用が多いと類推して、全人口1億2700万人から65歳以上3300万人を差し引いたおよそ1億人が潜在市場と考えます。

普及率はテーマパークに行くことのない人を除いた比率となります。マイボイスコム株式会社の実施したインターネット調査によるとここ5年間「行ったことがない」は6.9％、「直近5年間は行っていない」は42.5％ですので、普及率を50％とします。

1回当たり金額は、入園券が約7000円、飲食含め1万円と見込みます。そして利用頻度1.5回を掛け合わせます。

全ての変数を掛け合わせると7500億円（1億人×50％×1万円×1.5回）となり、これがテーマパークの市場規模ということで類推できます。

ちなみに東京ディズニーリゾートの売上高は約4,600億円、USJが1300億円程度ですから、いい線だと思います。

市場規模の算出では、普及率をどう見るかということが事業の成長に大きく関わってきます。

ペットフードのペティグリーチャムは日本市場に参入する際に、ドッグフードが普及していない状況の中で、「飼い犬数×年

カロリー」によってドッグフードの市場規模を算出したと言われています。

ペットフードの既存市場からではなく、残飯からドッグフードへ全て置き換わると仮定したことによって、展開するビジネスの規模を拡張していったのです。

どのレベルの市場規模を算出するのかによって狙うビジネスの規模は異なります。

```
潜在市場 ： 対象組織全体
  ↓
有効市場 ： 個人事業主除く
  ↓
標的市場 ： 従業員100名以上
  ↓
浸透市場 ： 導入済企業
```

耐久消費財では、買換え年数を利用頻度に置き換えて算出します。冷蔵庫やエアコン、自動車などは1年に1回購入する人はおらず、数年に1度の購入となります。ですから見込客数に単価を掛け合わせた金額を買替え年数で除して計算します。

市場規模＝見込客数（領域内のエンドユーザー数×普及率）×1回あたり金額÷買換え頻度

例えばエアコン市場は、国内の世帯数5340万戸に、普及率

91％(内閣府／消費動向調査)、エアコンの平均単価8万3000円(日本電機工業会／電気機器の見通し資料)を、買換え年数13.6年（内閣府／消費動向調査）で割った2965億円と類推できます。

3 モデル式から推定する

過去の市場規模のデータを蓄積し、傾向を計算式として算出します。そのモデル式を用いて市場規模を予測するというものです。

モノやサービスが売れていくには必ず要因があります。複数の要因がある中で、それらの関連度合をモデル式に集約し、数学的に将来を予測するというやり方です。

本書では統計手法を詳しく解説するものではないので考え方だけ説明します。

例えばビールの市場規模を算出する場合、ビールの売上に影響を与える変数(データ)を想定します。感覚的に暑くなるとビールの売上が増加するというものがあるので、平均気温を取り上げます。またビールのブランドが増えれば多くの選択肢から選ぶ楽しさが増しビールの売上が伸びると考えます。

ここで挙げた平均気温とブランド数、ビールの市場規模について過去のデータを収集し、方程式を導きます。

ビール市場規模をYとして、平均気温とブランド数をそれぞれX_1、X_2として計算式を求めます。

$Y = 0.68 X_1 + 0.64 X_2 + 0.87$

という数式を導き、今年の市場規模を算出します。その場合

には、X1として今年の平均気温（予測）とビールメーカー各社の本年度投入ブランド数X2を代入します。

このようなアプローチを重回帰分析と言います。重回帰分析とは多変量解析の1つで、目的変数（Y）を市場規模（金額）として、市場規模に影響を及ぼす変数を説明変数（X1÷X2）としてモデル式を算出する手法です。

具体的な分析方法は理解しなくても、どのような考え方であるのかを押さえてもらいたいと思います。

ちなみに上記で示した数式、およびデータについては説明用に記述しましたので実態とは異なります。

より簡単なモデル式を求めるにはExcelの近似曲線機能を活用するやり方もあります。詳しくはP.90「Excelの近似曲線を活用する」を参照してください。

4　複数の情報を組み合わせて推定する

これまで説明してきた算出方法はどちらかというと既存市場の算出方法となります。過去のデータを収集することのできる場合に適しています。

画期的な新商品の市場規模を求める際には、いくつかの情報を組み合わせて類推していきます。

市場規模を類推するには以下の手法があります。

手法	内容	用途
見込客の意向調査	消費者または企業を対象に、購買確率、将来における個人の財政状態、経済が今後どうなるかの見通しを調査する。	業務用製品、耐久消費財、綿密な計画を要する製品、新製品の需要を見積もる。
セールス・フォースの意見	セールス・フォースに既存顧客と見込客が製品をどれだけ購入するか見積もらせる。	製品、テリトリー、顧客、セールス・レップごとの細かい予測見積りを出す。
専門家の意見	ディーラー、流通業者、供給業者、コンサルタント、業界団体などの専門家から予測を入手する。	知識豊富で優れた洞察を提供してくれる専門家から見積もりを収集する。
過去の売上分析	時系列分析、指数スムージング、統計的需要分析、エコノメトリック分析を用いて過去の売上を分析する。	過去の需要の分析をもとに将来の需要を推定する。
市場テスト法	直接市場テストを実施して顧客の反応を理解し、将来の売上を見積もる。	新製品の売上や、新しい地域での売上をよりうまく予測する。

これらの手法を組み合わせて、例えば企業や自治体向けのITシステムの市場規模を類推するには以下の数式を用います。

<u>ターゲットとなる顧客数×意向率×予算化率×1ユニット単価</u>
　　　　　　　ターゲットに対する意向調査

BtoBの場合には組織購買がなされるので、今期に予算化するのかどうか予算化率をアンケート等で聴取していきます。

大規模のアンケートでなくても既存顧客の中から数社選んで、商品に対する購入意向や予算化の動向についてインタビューすることでもおおよその類推をすることはできます。

ITシステムはパソコンやサーバーなどのIT機器(ハード)とプログラム(ソフト)があるため、1ユニットの単価を計算します。

▶13 新商品の受容性を定量的に検証する

　顧客は商品を2度評価すると言われています。

　1度目は初めてその商品を購入する時です。これまで使ったことのない（食べたことのない）商品は、中身で判断することはできません。例えば使ったことのないシャンプーはパッケージに書かれている説明文、売場でのPOPの文言からその商品の特徴を初めて知ることになります。その説明を頼りにして商品を購入するかどうかを決定します。この段階で買うか買わないか1度目の評価を下すのです。

　2度目はその商品を再度購入するかどうかを決めるときです。シャンプーであれば実際に使ってみた使い心地や、継続して使用した時の効果などを判断材料にして、再度購入するかどうかを評価します。

　1度目は、商品の特徴として何を訴求するかがポイントとなります。コンセプトの良し悪しということです。コンセプトは商品のパッケージやネーミングなどに記載されます。その他小売り段階でPOPに記載し商品の魅力を伝達します。またテレビCMやインターネット広告で価値を伝えます。

　2度目は商品の中身そのもののレベル感によります。その商品のパフォーマンスの良し悪しということです。食品であれば食べて美味しかったのか、食べやすかったのかということがパフォーマンスとなります。BtoCだけでなくBtoBでも例えば使い勝手の良いシステムなのか、ランニングコストはどの程度かかるのか

ということが次の購入行動に影響を与えます。

新商品を上市する時には、この2度の評価を予めテストすることがヒット商品となる確率を高めることにつながります。どのようなターゲットへ向けて、どのような価値を提供するのか、考え、概念（コンセプト）を明確にする必要があります。

コンセプトは会社によっていろいろな形式がありますが、主な項目として以下の要素を明確にしていきます。

ターゲット	使用シーン	販売見込み
	使用シーン	ベネフィット
ニーズ	使用シーン	ポジショニング

1　調査の設計

コンセプトも言ってみれば市場に出す前の仮説ですので、マーケティングリサーチによる検証が必要です。

コンセプトテストは10人や20人の評価だけでは不安です。たまたまテストに協力してくれた人の意見に偏ってはいけないからです。大数の法則がはたらくので最低300〜500の大量サンプルでテストするべきです。そうなるとインタビューという訳に

はいきませんので、アンケート調査が適切となります。

　コンセプトテストで重要なのは「誰に聞くか（調査対象者）」です。
　あまり商品に関心のない人や流行に鈍感な人に聞いても意味はありません。
　目的は多くの人にたくさんの商品を購入してもらうことにあるので、その商品カテゴリーを良く購入する人で、できれば周囲の人に勧めてくれそうな人の評価を集めます。
　ロジャーズという学者の提唱した「イノベーション普及理論」があります。新しい商品が世に出た時に、どのようなタイプの人から順に購入しだすかという理論です。
　どんな商品でも共通するのは、最初に購入しだす人は革新的でチャレンジングな「イノベーター」という人たちです。
　イノベーターはどちらかというとマニア的な思考の持ち主です。新しい商品が出て、イノベーターで終わってしまう商品も多くあります。一般層である「マジョリティ」まで普及していくには「アーリーアダプター」が購入するかどうかにかかっています。アーリーアダプターは「流行に敏感な先進的な人」です。イノベーターと違って特定の分野に偏ることなく新しいものを生活に取り入れる、トレンドリーダーです。

　コンセプトテストではこのアーリーアダプターからの評価が重要となります。アンケート調査のなかで、流行に関する意識や行動、当該商品に関する意識、こだわりなどについて聴取して、分析段階でアーリーアダプターを抜き出す工夫をしておきます。

何をテストするかというと、コンセプトを示す文章に加えて、パッケージや商品の外観も合わせてテストします。文章を聞いただけではイメージしにくく適切な評価とは言えないからです。

　できれば使用できる状態でテストするのが望ましいです。食品であれば食べてもらってコンセプト通りの商品であるかを検証してもらいます。洗剤であれば実際に使ってもらうと仮説検証の精度は高まります。

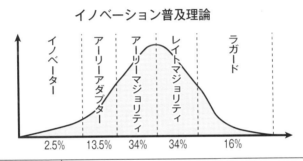

イノベーション普及理論

イノベーター （革新的採用者）	冒険的で、最初にイノベーションを採用する
アーリーアダプター （初期採用者）	自ら情報を集め、判断を行う。マジョリティから尊敬を受ける
アーリーマジョリティ （初期多数採用者）	購買に比較的慎重。アーリーアダプターに相談する。 追随的な採用行動を行う
レイトマジョリティ （後期多数採用者）	うたぐり深く、世の中の普及状況を見て模倣的に採用する
ラガード （採用遅滞者）	最も保守的・伝統的で、最後に採用する

　コンセプトを示した文章とパッケージ、現物を提示して、評価してもらいます。

　評価は「魅力度」と「新規性」「購入意向」の３つの観点から行います。

この商品をどの程度魅力に感じるか、どの程度新しさを感じるか、どの程度購入してみたいか　です。

　選択肢は5段階にしましょう。「1. とても魅力的」「2. 魅力的」「3. どちらともいえない」「4. 魅力的でない」「5. 全く魅力的でない」です。魅力という言葉の部分に「新規性を感じる」「購入してみたい」と置き換えていきます。

　食品や日用雑貨などの生活者が使用する商品、いわゆるBtoC商材では5段階が良いでしょう。生活者の中には商品をあまり使わない、関心の低い人も含まれているので「3. どちらともいえない」を入れておくのです。

　生産財、企業向けのビジネスを行っているBtoBでは4段階の評価にします。企業の購買担当者は、購入する商品に対して関心が高いので、評価をはっきりと下せるからです。「3. どちらともいえない」を除いて4段階とします。

2　アンケート票の作成

　アンケート調査は、聞いたことしかわかりません。当然のことですが、意外と見過ごされていることです。アンケートの結果を集計してから、更に聞きたいことを思い付いても「後の祭り」なのです。そのためには行動とは逆の発想をすべきです。

　時間的な順番としては、調査を設計して、実際に調査した結果をもとに集計・分析を行い、結果について考察するという手順になります。

時間軸

　ただこのプロセスだと分析するのに不足している設問や結論をどのように導くかについて後になって気づくことがあります。例えば集計してみたところ女性の評価が思いのほか高かったとします。

　集計分析段階でその要因について考えても遅いのです。女性の使用方法や購買の特性などについて予め仮説を立てて、設問に盛り込んでおかなければ有効な考察はできないのです。

　ですから下図のような思考プロセスが必要なのです。

思考の順

　あらかじめどんな考察をしてどのような結論とするのか仮説を明確にしておきます。

　そして仮説を検証することができるように集計方法や分析方法を決めるのです。

　それらを踏まえてアンケート票を作成します。

アンケート票の作成手順は以下のとおりです。

1	調査仮説の設定	➡	調査課題解決のための仮説を検討する
2	分析・仮説検証方法の検討	➡	仮説検証のためにどのような分析を行うか検討する
3	調査項目の確定	➡	分析に必要な調査項目を設定する
4	質問文の作成	➡	回答する立場で質問文を作成
5	回答形式の決定	➡	自由回答、プリコード型などの回答形式を調査項目毎に決定する
6	対象者属性の作成	➡	分析時に必要な対象者の情報を検討する
7	選択肢の作成	➡	明瞭簡潔でわかりやすく作成する
8	質問順の並べ替え	➡	対象者を調査に誘導しやすいように質問を並べる
9	質問の欠落チェック	➡	仮説検証に必要な項目が欠落していないかチェックする
10	ワーディングの整頓	➡	質問文・選択肢の言葉遣いをチェックする
11	レイアウト作成	➡	用紙サイズ、質問欄と回答欄、罫線囲みなどを調整
12	プリテスト	➡	対象者が作成者の意図通りに質問・選択肢を理解できるかテストをする
13	調査票の修正	➡	プリテストで問題のあった箇所を修正する

3 設問の設計と選択肢の作成

設問の作成は以下のステップで検討していきます。

ステップ	検討内容
❶ 調査項目のリストアップ	リサーチによって何を明らかにしたいかを念頭において調査項目のリストアップを行う。 対象者の属性情報も重要である。どのような属性の人なのかがわかるように整理しておく。
❷ 回答形式	回答形式として選択式か自由回答式かを選定する。 選択肢の中から一つだけ選ばせる(SA Single Answer) 該当するものをいくつでも選ばせる(MA Multiple Answer) いくつでも選ばせた後、最後に1つに絞らせる (MA⇒SA)
❸ 質問順序	全体的な質問から個別の質問へ順に進めていく。関連の深い内容の質問はまとめるように構成する。質問そのものが回答者へ情報を与えることもあるので、回答者の知識をテストする質問は先にし、情報を与えた上での質問は後にする。
❹ ワーディング	設問や選択肢の文言を精査する。回答にバイアスを引き起こさないように、一般の人に理解できない専門用語は使わないことや、誰もがイメージできる具体的な表現を使うことに留意する。

設問方法や選択肢によっては正しく現状を把握できないことがあります。

以下のチェックポイントで確認してからアンケート票を作成しましょう。

簡潔な文章であるか	わかりにくい文章は正確な結果をもたらさない。
対象者が理解できる言葉遣いをしているか	専門用語、業界用語、流行語は人によって理解度が異なる。年少者が対象の自記入調査はふりがなをふってあるか。
ダブルバーレルでないか	1つの質問に2つの判断基準がはいっているものの結果は適切とはいえない。
誘導的な設問となっていないか	表現や言葉遣いが回答に影響を与えないようにする。都合の良い回答を意図的に導く質問になっていないか。
繰越効果がないか	繰越効果(キャリーオーバー効果)とは前の質問文や選択肢が次の質問に影響を与えることを言う。前設問の選択が次の設問の回答に影響を与えるもの。

　ダブルバーレルは陥りやすいミスの1つです。

　例えば小売店の満足度をとる場合に、「弊社の商品の品質と品揃えにはどの程度満足していますか」という設問があったとします。商品品質には満足しているが、品揃えには満足していない人はどのように回答するかということです。商品品質に関心が高い人は5段階で「大変満足」と回答するでしょうし、品揃えにうるさい人は「大変不満足」と回答するかもしれません。間をとって中間の「どちらともいえない」を選ぶかもしれません。このように回答者によって回答基準が異なるような設問はすべきではありません。

　誘導的な設問は、結果を自らの都合の良いように用いられることがあります。

　「安くてよい品を売っているA店を利用したいと思いますか」

という聞き方をすると多くの人が「非常に当てはまる」と回答するでしょう。

このような設問や選択肢は、適切な結果を得られることがないので気を付けて設問を設計しましょう。

4 分析方法と結果の読み方

コンセプトテストの読み取りかたは、トップボックスの数値で判断します。

「1.とても魅力的」や「1.とても新規性を感じる」「1.とても購入したい」など最も肯定的な選択肢の構成比を求めるということです。

選択肢の中で最も肯定的なのでトップボックスという言葉を使っています。

日本人は、アンケートを実施している人や、その商品を製造しているメーカーに気を使い否定的な回答を極力しない傾向があります。

それほど評価していなくても「2.魅力的」や「2.新規性を感じる」「2.購入したい」と回答してしまうのです。

反対に全く関心がなくても「5.全く魅力的でない」を選択するのではなく、「4.魅力的でない」に回答するのです。

ですから回答結果は、「2.魅力的」「3.どちらともいえない」「4.魅力的でない」の中央に集まる傾向があります。

企業の中には「1.とても魅力的」「2.魅力的」選択肢の回答を

合計してトータルポジティブと判断基準にしているところもありますが、トータルポジティブの中には、「すぐにでも購入したい」と思っているホットな層と、「頑張ってアンケートをやっているのだから購入しないとは思うけど購入したいにしておくか…」と感じている人が混在しているのです。

ですから、コンセプトが受容されるかどうかを判断する場合には、余計な回答、不純物を取り除いたトップボックスの数値を読み取ることが適切です。

トップボックスで20％以上あれば合格としている企業が多いようです。理論的には選択肢が5つありますからトップボックスに入る確率は20％であるからです。

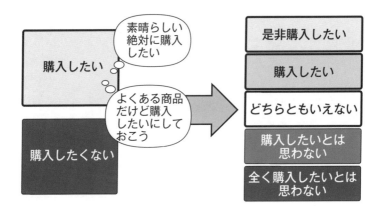

合わせてコンセプトが受け入れられるかどうかをテストすると共に、どこを改善していくかを聴取していきます。コンセプト文章や商品の概要の中でどうしたら購入してくれるのかを模索し

ていくのです。

　以下のコンセプトは、シニア男性をターゲットに作成した日本酒の新商品コンセプトです。

　【桜酒】米麹に桜の花のエキスを混ぜ、ほんのりピンク色のお酒を造ってみました。皆と乾杯をしたりする時や、ハレの日に気分が高揚した時など、ピンク色が気持ちを和ませてくれます。お酒を振ると泡が出てきてますます気分が高まります。透き通ったワイングラスで召しあがれば尚更、美味しさも格別です。

　コンセプトの文章を分解して、気に入った箇所、気に入らなかった箇所、わかりにくい箇所などについて選択肢で聞いていくのです。
　コンセプトは文章なのでターゲットに魅力を感じてもらわなければなりませんし、キチンと理解してもらわなくてはなりません。魅力的にキチンと伝わっているかどうかを確認することで精度が高く魅力的なコンセプトに仕上げていくことができるのです。

▶14 売上予測の公式を見つける

　自社商品の売上を予測することは、市場規模を捉えることと同じく重要なプロセスとなります。

　売上予測を過大に捉えると過剰投資のリスクがあり、過小に捉えると充分な販促投資をすることができずビジネスチャンスを逃すことになります。

　ただ予測ですから正確なことは誰にもわかりません。また、予測の精度を1円単位で突き詰める必要もありません。

　加えて、予測をもとにプロモーション活動や営業活動を工夫していきますので、それによる変動が常に起こります。

　そう考えるとビジネスでの予測は可変要因ということです。取り組みによって変化するものですから現時点での概算で大体どれくらいの売上が立つのかを把握できれば良いのです。

1　予測の数式を複数立てる

　売上予測を大きく外さないためには、複数の計算式を用いて総合的に判断することが求められます。

　前項で解説した市場規模からの類推がまず考えられます。市場規模に自社のシェアを類推し売上予測とするのです。

(1) 市場規模｛見込客数×1回当たり金額×利用頻度｝×シェア

この数式は、大企業などのシェアが判定できる場合に有効です。シェアは業界団体による調査レポートや矢野経済研究所などの調査機関によるレポートから算出してきます。既存の商品カテゴリーであれば過去のデータを活用できます。

これまで市場にない画期的な商品であればシェアは100%として市場規模がそのまま売上予測となります。見込客数の算出の際にどの程度の顧客が導入するか、浸透率を見込めば精度を高めることができます。

大企業でない場合、市場が小さい場合にはアンケート調査を実施することも有効です。見込顧客に自社のコンセプトをテストする際に現在購入している商品のブランド名、メーカー名を聴取しておけばおおよそのシェアを把握することができます。

市場規模以外にもこれまでの販売実績からの類推も可能です。

(2) 販売拠点×カバー率×週販×52週

これまでの類似商品の販売データを掛け合わせて売上を予測していくアプローチとなります。

販売拠点は、該当する商品カテゴリーを販売している流通チャネルの拠点数となります。BtoCであれば全国のコンビニエンスストアやスーパーマーケットの店舗数となり、BtoBであれば全国の販売代理店数となります。

カバー率とは全国の販売拠点の中で、どの程度の拠点が販売してくれるか、商品を扱ってくれるかという比率になります。チェーンストアによっては全く扱ってくれない組織もありますし、店ごとに仕入れ権限がある場合もあります。チャネル構造を分析して

カバー率を見極めます。

週販は週当たりどれくらいの数量が販売されるかという意味です。BtoC の場合は商品販売数量が多いので週販が適切です。BtoB の場合には商品カテゴリーによって月販が適切な場合があります。商品特性に応じて検討していきます。

(3) 過去実績の増減率からの掛け合わせ

過去の販売データが 5 年以上あれば、これまでの実績から増減率を算出し、直近の売上総額に増減率を掛け合わせて予測することができます。

ただ昨年これだけ伸びたので、今年もいけるだろうといういう発想はあまりにも安易で論理的でないので、他の数式の補足として位置づけておくべきだと思います。

(4) 顧客ごとの売上高の積み上げ

BtoB の場合には長期的な取引関係にあること、上位企業に集中していることが多いので、既存顧客の売上予測を積み上げることである程度の精度が保てる場合があります。

BtoB の中でも受注生産している企業が該当します。生産予約が既に入っている場合などです。

(5) Web サイトへのアクセス数×コンバージョンレート

BtoC でこれまでのマーケティングデータをストックしていればある程度の予測を立てることが可能となります。この場合のコンバージョンレートは、サイト内の購買に結びつく箇所をクリックした人のうち、どの程度の人が購入まで至るのかという数値

となります。例えば資料請求のボタンをクリックした人のうち、20%は購入まで完結するということになります。

2 セグメント別に積み上げ、売上予測の精度を上げる

上記の数式をセグメント（顧客のグループ）別に求め、合計することで予測の精度を高めることができます。

予測は掛け算でなされることが多いので、セグメント、層別に数値のバラつきが大きい場合には、セグメント別に計算をした後に合算するというやり方が精度を高めるポイントとなります。

例えば、**(1) 市場規模 ｛見込客数×1回当たり金額×利用頻度｝×シェア** について、セグメント別にシェアが大きく異なる場合があります。男性のシェアは高いが女性のシェアは低い、富裕層のシェアは高いが一般層は低い、などといった場合です。

そうした場合(1)の数式を男性、女性（富裕層、一般層）と個別にシェアを掛け合わせて、最後に合算するというやり方です。

また、**(2) 販売拠点×カバー率×週販×52週** でもエリアによってカバー率や週販が異なる場合も考えられます。

東日本ではカバー率が高く80%、西日本では20%という場合、平均値の50%として試算するとブレ幅が広がってしまいます。

アイスクリームなど気温によって購買量が異なる場合には九州と北海道では週販の個数が異なります。

こうした場合にはエリア別に(2)式を求めてエリアごとに売上予測値を合算して全国の数値を算出することが適切です。

第4章

統計データを
フル活用して
事業戦略を構築する

▶15 統計データを集める

　最終章は、データ分析を活かして精度の高い事業戦略を構築するプロセスについて解説していきます。

　戦略とは簡単に言うと、**有限資源の有効活用**です。

　人材や資金、機械設備などの企業の経営資源は有限です。有限なので、最も効果の高い使いみち（活用方法）を有効に検討しなくてはならないということです。

　経営資源が潤沢にあって様々な活動を展開できる企業は、極めて稀です。多くの企業は人材不足に苦心し、無駄なコストの削減に取り組んでいます。

　そうした状況の中で、有効に経営資源を活用できるように企業を巡る環境を分析し、進むべき方向を定め経営資源を重点的に配分していくことが望まれます。

　あれもこれもやろうというのは戦略的とは言えません。施策展開は数多く考えられますが、その中で現在やるべき活動を絞り込み、そのことについて全社一丸となって取り組むことによって業績向上などの企業目的を果たすことができるのです。

　この章ではこうした戦略展開に活かすデータ分析のアプローチについて解説していきます。まずはデータを収集し、そこから戦略課題を設定していきます。

1 業界データの収集

これまで何度もお伝えしてきましたが、将来のことは誰にもわかりません。しかし、過去から類推するとはできます。

過去から現在の傾向を掴み、その上で今後はどのような状況になるのか将来を予見するのです。

ポイントは世の中がどのように変化しているのか大局的な視点から捉えることです。目の前のお客様の要望やニーズに対応することはもちろん重要ですが、戦略を構築する際には視野を広く持って全体感を掴んでいきます。

戦略、とくに事業戦略のような企業全体の方向性を定めるような戦略を構築する際には、以下のプロセスで分析をすすめ、取り組むべき課題を設定していくことが有効です。

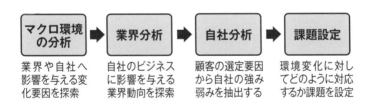

まずは企業を巡る経営環境の分析を行います。企業を巡る環境は、外側からマクロ環境、業界環境、自社という3段階で整理することができます。

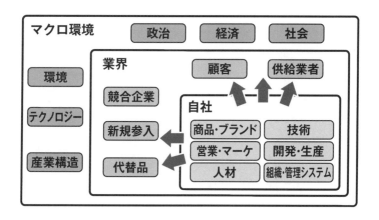

　企業を巡る環境を整理すると上図のようになります。

　最初に分析するのはマクロ環境です。

　ここで重要なのは、マクロ環境はコントロールすることができないということです。

　例えば国内市場でビジネス展開している企業にとって、大きな環境変化に少子化や高齢化があります。非常に大きな変化ですが、一企業ではその流れを止めることはできません。

　政府が子育て環境を整える政策を実行し、人々の考え方、人生観も変わらなければ少子化は止めることができません。

　高齢化は更に困難なことです。全体的長期的な課題であり、一企業がどう頑張っても解決することはできません。

　このようにマクロ環境は変えることのできないものであり、変えようとするのではなく<u>変化を捉えて環境に適応する</u>という考え方が必要なのです。

マクロ環境を分析することによって新たなビジネスチャンスを摑むこともできます。まずは情報を集めましょう。

戦略を構築するためのマクロ環境を分析するには、データから発想するアプローチが有効です。
ただ闇雲にデータ収集しても時間を浪費するだけです。
データ収集のポイントは、ズバリ**大きなもの（長いもの）から小さいものへ**です。
ただでさえインターネットには多くの情報が溢れています。「こんなデータが欲しい」という具体的な意思がないと机の上で膨大な情報に溺れてしまうのがオチです。
効果的な情報収集のアプローチは以下の通りです。

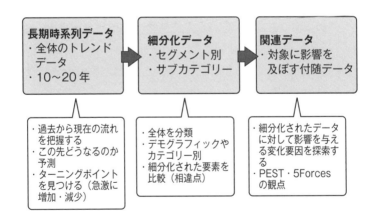

マクロ環境を分析する際には、関連すると思われるデータを10年、20年といった長期スパンで収集します。長期時系列のデータは、現在がどのような状況で、今後どのような変化が起きるのかを想定することができます。
　範囲はカテゴリー別に細分化せずに全体を示しているデータを収集します。

　例えばビール業界の分析をするのであれば、酒類全体とか、ビール類（ビール、発泡酒、第三のビールの合計）全体の市場規模を示すデータを長期間収集します。
　そして傾向が掴めた上で、細分化したデータ、前述のビールの種類別（ビール、発泡酒、第三のビール）にデータを収集していきます。
　こうして外堀が埋められたところで、市場規模に影響を与えているのは何であろうかと考え、そうしたデータを収集していきます。
　例えばお酒を飲む人に着目し、性年代別の飲酒頻度や飲酒量についてのデータを収集していきます。
　ビール以外の酒類の売れ行きはどうなのかを考え、ハイボールやチューハイなどの酒類（RTD飲料）の動向にも注意を払います。
　こうして集めたデータからビール業界にとって何が大きな環境変化であるのか検討しています。

2　初期仮説を設定し、データ収集時間を効率化する

　前述したようにインターネット社会の現在はデータが溢れています。そうした中で効果的なデータを効率的に収集するためには対象を絞り込むことが有効です。

　データ収集はかつてよりも容易になりましたが、データを選別する手間がかかるようになりました。使えるデータを選別するためには以下に留意することが求められます。

目的の明確化	何のために情報を収集するのか、目的を明確にする。基礎知識収集なのか、企画作成のための課題探索なのか。
対象の明確化	商品カテゴリー、業界、顧客属性など情報収集対象を決定しておく。情報収集する内に対象は広がっていく。
課題の明確化	目的遂行のための課題を整理する。例えば新規事業を企画する場合に需要予測が必須など。

初期仮説の設定	これまでの経験から顧客に関する知識を棚卸して、頭の中にある知識・情報を整理する。文字にすることで仮説を明確にする。

　情報収集する上での目的や対象、課題を明確にした上で、初期仮説を設定するのです。
　仮説思考については、第2章で解説しましたが、情報収集す

る上でも仮説思考は役に立ちます。

　闇雲に手当たり次第に情報収集するのではなく、仮説を最初に立てて、その仮説を検証するためのデータを収集するというアプローチが有効です。

　例えば2014年には「冷凍の焼きおにぎり」がシニア層に大ヒットしたといわれています。シニア世帯の朝食として食べられていたようです。
　ヒットの要因を探る情報収集には初期仮説が役立ちます。
　まずはグーグルで検索キーワードを入力する前に、机の上で思考をめぐらせます。
　シニア層ということがポイントです。これまで冷凍焼きおにぎりは受験生の夜食に代表されるように育ちざかりの間食に使われることが多かったのですが、なぜシニア層にうけたのでしょうか?

　初期仮説として、『シニア層は「パン食」よりも「ご飯」が好きだから、「朝ごはん」として調理が簡単なところがうけてヒットにつながった』とします。
　次にこの初期仮説を検証するためのデータを収集していきます。
　まず朝食として「ご飯」が多いのかというところから検証していきます。

　総務省の実施する家計調査年報を見ると世帯主の年代別で、米の年間購入金額は70代世帯、60代世帯が多いことがわかります。

反面パンの年間購入金額は40代世帯、50代世帯が多いということです。

　仮説通り年配の世帯は米の購入金額が高いことがわかりました。

　ただ10年前のデータと比較すると米購入金額は、昔ほど若年世帯の差が大きくないことがわかります。購入金額の大きい60代70代世帯の減少幅が大きいことがわかります。パンは反対に50代60代70代と高齢世帯ほど増加しているのがわかります。

　絶対額として高齢世帯は、米購入金額が大きいが、パンも増加しており、パン食にシフトしていることが仮説として設定できます。

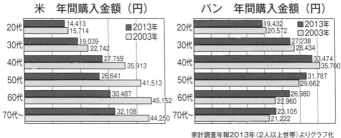

家計調査年報2013年（2人以上世帯）よりグラフ化

　さらに朝食として何を食べているかについて、JA全中の意識調査を探し出すことができました。

　これを見ると30代から60代まで圧倒的に「パン」食であることがわかります。特に60代は約6割がパン食で他の年代よりも最も多いパン食であることがわかります。

第4章　統計データをフル活用して事業戦略を構築する　173

朝食の主食として最もよく食べているもの（性別／年代別）

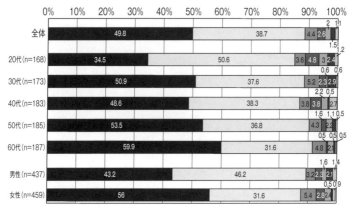

JA全中「朝食に関する意識調査」2014.6調査実施

　また、JA全中のアンケートでは栄養バランスについて聞いています。

　ごはんを食べている人の２割が、栄養バランスが「良い」と回答しています。パンは12％です。

　ここから本当はパンではなく、ご飯が食べたいのだが、簡便性によってパンを選んでいるという仮説が思い浮かびます。

自分が食べている朝食の栄養バランスが良いと思うか
（主食として最も食べているもの別）単数回答 n=896

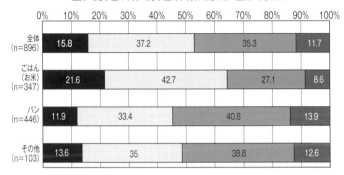

JA全中「朝食に関する意識調査」2014.6 調査実施

　パンを選ぶ理由として「手軽に食べられるから」が最も多く、ごはんは「腹持ちがいいから」が多い理由となっています。

　ここからシニア世帯は、簡便性によってパン食を選んでいる。若年層よりも活動が衰えているので腹持ちの良さは必要がないので、朝食にパン食を選んでいるという状況が思い浮かびます。

　そこに簡便性を備えた「冷凍焼きおにぎり」がマッチしたのではないかということです。

朝食でその主食を最もよく食べる理由（主食として最も食べているもの別）
複数回答　n=896

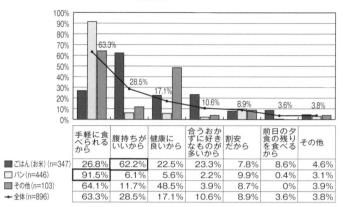

	手軽に食べられるから	腹持ちがいいから	健康に良いから	合うおかずに好きなものが多いから	割安だから	前日の夕食の残りを食べるから	その他
■ごはん(お米)(n=347)	26.8%	62.2%	22.5%	23.3%	7.8%	8.6%	4.6%
□パン(n=446)	91.5%	6.1%	5.6%	2.2%	9.9%	0.4%	3.1%
■その他(n=103)	64.1%	11.7%	48.5%	3.9%	8.7%	0%	3.9%
◆全体(n=896)	63.3%	28.5%	17.1%	10.6%	8.9%	3.6%	3.8%

JA全中「朝食に関する意識調査」2014.6調査実施

　このように初期仮説を立て、仮説を検証するデータを情報収集し分析、考察することで精度の高い仮説を導くことができます。
　データを収集する際にはいきなりデータを集めるのではなく、仮説を立てて臨みましょう。

▶16 客観データから変化要因を掴む

　本項ではゲーム業界を事例として、事業戦略立案を解説していきましょう。分析する企業は任天堂です。2017年3月に新型ゲーム機「スイッチ」を発売し、長らく低迷してきた業績が向上しつつあります。

　ライバルは「プレイステーション」を擁するソニーと「Xbox」のマイクロソフトです。代替品としてスマホゲームアプリという強力なライバルがいます。

1 PEST分析と5Forcesの正しい使い方

　マクロ環境分析には、PEST（ペスト）というフレームワークを活用します。ゲーム市場の分析をする前に、PEST分析について説明したいと思います。

　PESTの「P」は、「Politics・政治法律的要因」です。自社が属する業界を取り巻く法律・政治の動きをチェックします。政治動向、法律・通達、規制緩和（強化）などがPの変化要因です。

　法律や制度が変わることで、自社のビジネスにどのような影響があるかを検討していきます。

　「E」は、「Economics・経済的要因」です。日本や世界の経済動向をチェックします。景気動向、GDP、所得増減、消費性向などに着目します。

第4章　統計データをフル活用して事業戦略を構築する

「S」は、「Society・社会文化的要因」です。人口動態的動き・消費トレンドの動きをチェックします。

「T」は、「Technology・技術科学的要因」です。技術革新・科学の進展の動きをチェックします。ITの進展、バイオテクノロジー、ナノテクノロジーなどの変化に着目します。

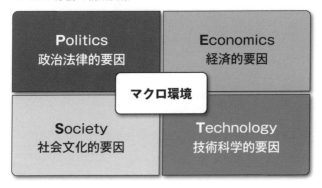

PEST分析の構成要素

PEST分析はマクロ環境を整理することに効力を発揮します。単にマクロ環境について考えようと意気込んでも、何に着目したらよいか、その拠り所がありません。PESTの4つの切り口で探索することで効率的に分析を進めることができるのです。PEST分析を進めていく際のポイントはFactをベースに考察することです。

本書のコンセプトにもありますが、環境変化要因を抽出する時にも数字ありきで考察することをお勧めします。

PESTで整理をしていくと食品も日用雑貨も衣料品も同様の分析結果となってしまうことがあります。

そうではなくてその業界特有の変化要因を掴むには、FACTに着目します。

まずは当該業界に関わるFACTデータを収集し、その傾向をもたらす要因や背景をPESTで整理していくという流れです。

2 Factデータをもたらす環境変化要因を探索する

業界を分析する際に収集するデータは3Cの視点で収集します。

3Cは戦略構築やマーケティングで良く出てくるフレームワークで、Customer（顧客）、Competitor（競合）、そしてCompany（自社）を意味します。

顧客を巡る環境変化としてマクロ環境を分析して環境変化に適応するためのニーズや課題を掴みます。それに対して競合企業はどのような対応策を打ち出しているのかを分析します。

それらを踏まえて自社としてどのような対応策がとれるのか、強みと弱みを明確にしておきます。

ポイントは顧客の視点で、どのように生活（BtoCの場合）や事業活動（BtoBの場合）が変化しているのか、マクロ環境の変化をどう受けているのかを考察していくということです。

競合分析では直接の競合企業に加え、トレードオフ競合や代替品・新サービスという観点まで広げて検討していきます。

イメージとしては以下のようになります。

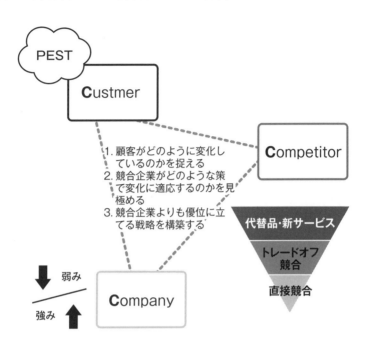

情報収集の手順としては、

(1) 顧客に影響を与えるマクロ環境情報の収集

(2) 顧客の意識行動変化情報の収集

(3) 競合企業の戦略情報

(4) 自社の定量情報

となります。

これらを可能な限り定量データで収集、分析するのです。

前置きが少し長くなりましたが、マクロ環境としてのゲーム市場のデータを収集してみましょう。

3 顧客に影響を与えるマクロ環境情報の収集

マクロ環境情報を収集する際には、まず市場規模の推移から取り組みます。

全世界でゲームがどの程度売れているか、データを収集していきます。

『グローバルゲームマーケットレポート2017年版』Newzooによると、全世界のゲーム市場はおよそ1000億ドルです。2017年（予測）では2016年比で8％の増加であり、毎年増加している成長市場であることがわかります。

機種別では、モバイルの構成比が年々増加しており、PCのゲーム市場を圧倒しています。任天堂の主戦場である家庭用ゲーム機市場は、スマホが世界的に普及した2015年に一時落ち込みましたが、この2年ほどは3割をキープしています。

ゲーム市場の成長には、モバイルの急成長が要因として挙げられます。

これはスマートフォンの普及とスマホ用ゲームアプリのビジネスモデルが確立したことが背景として考えられます。最初にゲームを無料で楽しむことができ、ゲームが進行するにしたがって課金されるというフリー戦略です。

エリア別には、2017年予測で中国、ヨーロッパ・中東・アフリカ、アメリカ、アジアパシフィック（中国除く）でほぼ4分されています。

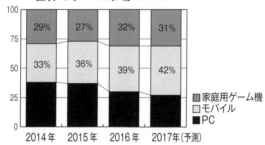

世界の ゲーム市場	2014年 (億ドル)	2015年 (億ドル)	2016年 (億ドル)	2017年 (予測、億ドル)	増減率
PC	315	337	303	294	−3%
モバイル	276	327	394	457	16%
家庭用ゲーム機	245	251	324	338	4%
合計	836	915	1011	1089	8%

『ファミ通ゲーム白書2016』(KADOKAWA・DWANGOマーケティングセクション著)を参考に作成

　成長エリアは中国とヨーロッパ・中東・アフリカです。

　ヨーロッパは別ですが、どちらかというと途上国での増加率が顕著であることがわかります。

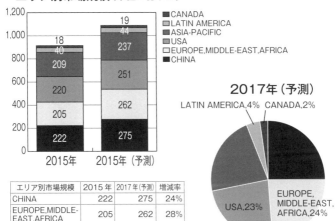

エリア別市場規模	2015年	2017年(予測)	増減率
CHINA	222	275	24%
EUROPE,MIDDLE-EAST,AFRICA	205	262	28%
USA	220	251	14%
ASIA-PACIFIC	209	237	13%
LATIN AMERICA	40	44	10%
CANADA	18	19	6%
合計	914	1,088	19%

『ファミ通ゲーム白書2016』(KADOKAWA・DWANGOマーケティングセクション著)を参考に作成

では国内はどうでしょうか?

『ファミ通ゲーム白書2016』によると、国内のゲーム市場は、全世界同様に増加傾向にあります。

オンライン、専用機合計で約1兆4000億円の大きな市場です。

国内ではゲームアプリやPCのオンラインプラットフォームの増加が顕著です。

全世界と比較するとゲーム専用機は低調です。ゲーム専用(ハード・ソフト)のシェアは年々下降し、2016年は25%まで低迷しています。国内は、オンラインプラットフォームに偏った市場特性と言えそうです。

国内ゲーム市場規模の推移

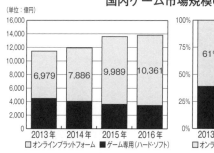
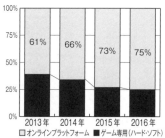

国内ゲーム市場規模の推移	2013年	2014年	2015年	2016年
ゲーム専用（ハード・ソフト）	4,463	4,039	3,602	3,440
増減率		－9.5%	－10.8%	－4.5%
オンラインプラットフォーム	6,979	7,886	9,989	10,361
増減率		13.0%	26.7%	3.7%
合計	11,422	11,925	13,591	13,801
増減率		4.2%	14.0%	1.5%

オンラインプラットフォーム：ゲームアプリ・フィーチャーフォン・PC

4 顧客を巡る変化から隠れたビジネスチャンスを見つける

　次に顧客を巡る環境変化を検討していきます。顧客の状況についても可能な限り定量データから発想していきます。国内のゲーム人口は毎年僅かながら減少傾向が見られます。これは少子化や、生産年齢人口の減少が大きな要因として考えられます。ただその中でアプリゲームユーザーは増加しています。家庭用ゲームユーザーやPCゲームユーザーが急減しているのに対して、非常に顕著な動きと言えます。これはスマホの普及による無料ゲームによる利用者増加が要因として考えられます。

　既婚者の減少や、少子化傾向によるファミリー層の減少も大

きな要因として考えられます。任天堂の創ったWiiを媒体としたファミリーでゲームを楽しむシチュエーションが減少し、単独でスマホのゲームを楽しむ需要が増加したと考えられます。

	2013年	2014年	2015年	2016年
ゲーム人口	4,666	4,855	4,468	4,446
アプリゲームユーザー	2,861	3,376	3,460	3,551
増減率		18.0%	2.5%	2.6%
家庭用ゲームユーザー	2,783	2,612	2,118	1,928
増減率		-6.1%	-18.9%	-9.0%
PCゲームユーザー	2,037	1,749	1,100	1,002
増減率		-14.1%	-37.1%	-8.9%
アプリゲームユーザー	863	1,411	1,834	2,024
家庭用ゲームユーザー	878	885	648	587
家庭用×アプリ	889	810	886	833
家庭用×アプリ×PC	628	613	448	418
PCゲームユーザー	539	291	224	217
アプリ×PC	481	542	293	277
ゲーム潜在ユーザー	483	442	452	457
家庭用×PC	388	303	136	91

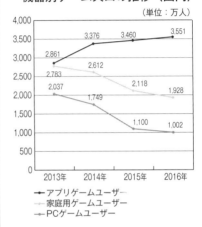

機器別ゲーム人口の推移（国内）

　マイボイスコム社の生活者アンケートからもゲームユーザーの行動変化がみられます。

　ゲームをする頻度としては、週に4〜5回以上のヘビーユーザーが全体の約4分の1、中間の週1回以上するミドルユーザーが約10%、月に数回程度実施するライトユーザーが8%、それ以外の約6割はノンユーザーです。

　ゲーム頻度の増減としては、変わらないが半数で、増えた、やや増えたが若干多く約3割です。

前述の機器別ゲームユーザーの推移（国内）と合わせて考えると、これまであまりゲームをやってこなかったアプリユーザーがスマホゲームアプリでゲームを楽しんでいる需要が増加したのではないかと考えられます。

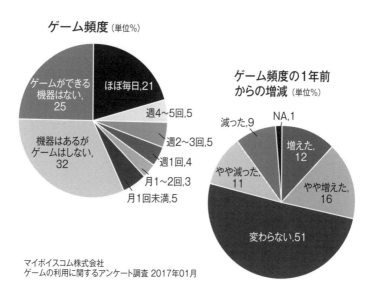

マイボイスコム株式会社
ゲームの利用に関するアンケート調査 2017年01月

このことはゲーム機器としてスマートフォンが圧倒的多数でを占めていること、そして歩留率が高いことからもスマホアプリゲームユーザーの頻度増加が類推されます。

歩留率は、「最もよくゲームした機器」を「直近1年間にゲームした機器」で割って算出しました。

複数の機器を使ってゲームを楽しむ中で、最も良く使う機器ですので、ゲームをするメインの機器の比率と捉えられます。プレステやDSなどのゲーム専用機のメイン化率が、軒並み低率なのがわかります。

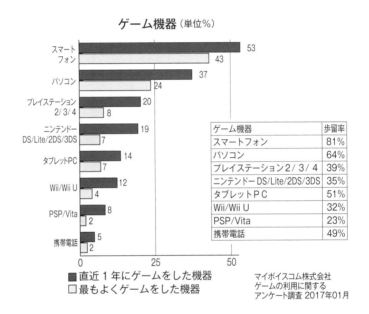

マイボイスコム株式会社
ゲームの利用に関する
アンケート調査 2017年01月

同様の調査では「ゲームをする場所」について聴取しています。複数選択ですが、圧倒的に「自分の家」という回答が多いことがわかります。家庭用ゲーム機はもちろん、スマホも自宅で楽しんでいるということと想像できます。携帯性によってスマホでゲームを楽しんでいるということではなく、簡便性や課金の仕組みのメリットからスマホを利用していると考えることができます。ということは、スマホである必然性もないと類推できます。

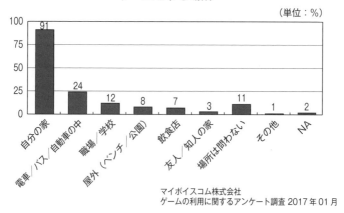

マイボイスコム株式会社
ゲームの利用に関するアンケート調査 2017年01月

5 競合企業の動向を探る

　顧客のゲームをする状況が掴めたところで、競合であるソニー、マイクロソフトの動向について見ていきたいと思います。まずは全世界の動向です。

　図は全世界での主なゲーム専用機の出荷金額をハードとソフトに分けて掲載しています。

　ハード、ソフトともに SCE（ソニーコンピュータエンタテインメント）のプレステ4が強いことがわかります。2位のマイクロソフト Xbox One の約2倍の売れ行きです。（ハード・ソフトとも、2015年）

　ハード、ソフトともに2014年よりも増加していますが、増加率が高いのはソフトで、2014年比56%の増加となっています。

　世界的に非常に強いブランドであることがわかります。

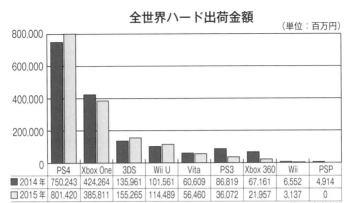

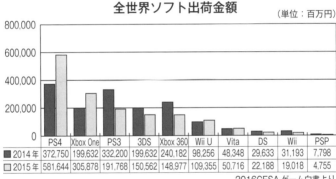

　一方で国内はどうでしょうか？　国内では任天堂と、SCEの2強という状況です。2013年までは任天堂のハードが強く毎年5000万台を超す販売状況でしたが、以降低迷しており、2016年にはハードでSCEに逆転されています。（任天堂220万台／SCE270万台）

　任天堂と比較してSCEの特徴は、ハード、ソフトともに据え

置き型の比率が高いことにあります。PS4のヒットが国内でも同様に当てはまります。任天堂は3DSなどの携帯型に高い比重があります。国内のゲーム専用機市場が低迷する中で、SCEはPS4で据え置き型ゲーム市場において、ゲームヘビーユーザーをターゲットとした画像や音声などクオリティの高いゲームとしてポジショニングを展開していると言えます。

国内 新品ハード販売台数の推移

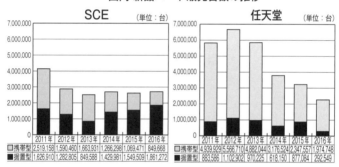

国内 新品ソフト販売台数の推移

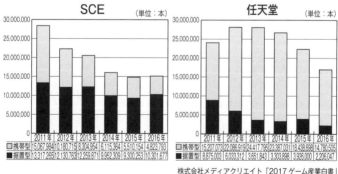

株式会社メディアクリエイト「2017ゲーム産業白書」

▶17 業界共通の課題を見出す

　市場、顧客、競合に関するデータから様々な情報を得ることができました。データを読むと同時に、仮説も頭の中に浮かんできました。それらを整理して、何が業界の課題なのか整理し考察していくことが次のステップとなります。

1　環境変化にどのように立ち向かえば良いか

　これまで見てきたマクロ環境、顧客、競合の状況をフレームワークに整理してみましょう。

　まず一番左側の列「着目すべきFact」欄に市場、顧客、競合企業のデータの中から重要と考えられるFactを抜き出します。

　その1つひとつについて、背景となる環境変化要因をPEST・5Forceの観点から抽出していきます。左から2番目の「Factの背景となる環境変化要因」列に記入していきます。

　そして最後は、環境変化要因に対して何をすべきか、課題を一番右側列「課題」欄に記入します。この一連の流れを市場情報、各社の取り組み情報、顧客・生活者情報について検討していきます。

　ゲーム市場にあてはめて整理したのが右の表です。

第4章　統計データをフル活用して事業戦略を構築する　191

	着目すべきFact	Factの背景となる環境変化要因	課題
ゲーム市場	全世界のゲーム市場は凡そ1000億ドル。2017年（予測）では前年比8%増	ゲームユーザーの定着	ゲームヘビーユーザーの獲得
ゲーム市場	モバイルの構成比が年々増加、家庭用ゲーム機市場はこの2年程は3割をキープ	ライトユーザーだけでなく、ヘビーユーザーも一定数存在している	ゲームヘビーユーザーの獲得
ゲーム市場	成長エリアは中国とヨーロッパ・中東・アフリカ	途上国の生活水準の向上	中国や、中東、アフリカ市場への展開
ゲーム市場	日本国内はゲームアプリやPCのオンラインプラットフォームの増加が顕著。ゲーム専用機は低調。シェアは年々下降し、2016年は25%まで低迷。オンラインプラットフォームに偏った市場特性	ゲームは家族でやるものから、個人で楽しむものに変化している。未婚率、単身者の増加や少子化、世帯年収の減少	1人用としてのゲームのベネフィット開発。オンラインでのプレイスタイルの浸透（ネット上の友人、知人とのゲームを通した交流）
各社の施策展開	全世界でSCEのプレステ4が強い（ハードのシェア51%、ソフト37%）	世界的なゲームのヘビーユーザーの需要	（前述）ゲームヘビーユーザーの獲得
各社の施策展開	世界2位はマイクロソフトXbox One。国内では任天堂と、SCEの2強	マイクロソフトは国内よりも全世界をフィールとしている	世界規模でのシェア争い
各社の施策展開	SCEの特徴は、ハードソフト共に据置型の比率が高い	ゲームを自宅でじっくり楽しむ生活スタイルの浸透	自宅据置型としての価値創造
顧客・生活者	アプリゲームユーザーが増加。家庭用やPCゲームユーザーが急減しているのに対して、非常に顕著な動き	既婚者の減少や、少子化傾向によるファミリー層の減少が大きな要因	スマホアプリゲームに対して競争優位なポジショニングの確立
顧客・生活者	ゲーム頻度別構成は、ヘビーユーザーが全体の約4分の1、ミドルユーザー約10%、ライトユーザーが8%、約6割はノンユーザー。ゲーム頻度の増減は、増えた、やや増えたが若干多く約3割	これまであまりゲームをやってこなかったアプリユーザーがスマホゲームアプリでゲームを楽しんでいる需要が増加	スマホアプリゲームに対して競争優位なポジショニングの確立
顧客・生活者	「ゲームをする場所」は、圧倒的に「自分の家」	家庭用ゲーム機はもちろん、スマホも自宅で楽しんでいる。携帯性によってスマホでゲームを楽しんでいるということではなく、簡便性や課金の仕組みのメリットからスマホを利用	（前述）自宅据置型としての価値創造

2 課題の表現方法

　課題とは「自社のビジネスを展開する上で大きな環境変化に対してどのように取り組むべきかを整理したもの」と定義できます。

　では整理した市場の課題の中から最も大きな課題は何かを考えます。大きな環境変化としては、やはりスマホアプリとのすみ分けがあります。

　スマホアプリの浸透に対して、ゲーム専用機による独自の価値を創造することがゲーム業界共通の世界的な大きな課題であると考えます。

　新しい技術革新や、形態の進化によって旧来型の変革が迫られている時期と考えられます。

　この時代の大きな変化にどのように立ち向かっていけば良いでしょうか。

　他業態や他商品カテゴリーにおいて学ぶべき事項はあります。

　ゲーム専用機とは遠い存在ですが、立ち食いそば屋と街中のそば屋の共存は補完関係にあるといわれています。昔、立ち食いそば屋が普及し出した時に、従来型の座席や座敷を有するそば屋がなくなると懸念されていたことがあるそうです。安くて早く食べることができる立ち食いそば屋に全てのそば屋が代替されてしまうのではないか、という考えからです。結果は皆さんがご存知の通り、ある程度の浸食はみられましたが、しっかりと共存しているのが実態です。立ち食いそば屋にない「そば本来の旨さ」を

感じることのできる専門性の高い店舗はしっかりと残っています。丹精込めて打ったそばは、立ち食いそば屋とは提供する価値が異なります。補完関係にあるということです。

おなじように「俺の」シリーズも全てのフランス料理店やイタリア料理店を代替するものではありません。「いきなりステーキ」とステーキ専門店も共存、補完関係にあります。

スマホは汎用的に使用できる便利な機器ですが、一眼レフデジカメや、音声レコーダーのように、スマホにその機能がありながら専用機としての価値を高めている事例があります。

反対にスマートウォッチは補完関係にはなかった事例として考えられます。私見ですがスマホはそもそも携帯性に優れているものなので、腕時計形式で更に密着して24時間肌身離さずいるシーンがないために価値を提供できていないと考えます。カバンの中から取り出さなくてもメールをチェックできるとか、音楽を操作できるといった機能は満員電車で通勤している一部のユーザーにとっての価値はありますが、限定的なのではないでしょうか。

本体を超える価値としてどのようなものを提供できるかを精査しなければなりません。

ゲーム市場におけるスマホゲームアプリの流れを止めることはできません。

専用端末としての価値を創造し、ターゲットに対して訴求していくことが、ゲーム専用機市場におけるプレイヤーの大きな課題となります。

18 自社のマーケティング課題を設定する

　マーケティング課題とは業界共通の大きな課題に対してどのように対応していくかを検討することに意義があります。自社の強みを抽出し、その強みで課題解決していくには何をすべきかということです。ゲーム業界の事例で考えていきましょう。

1　業界課題に対して自社の強みでどう適応するか

　まずは任天堂の強みと弱みを抽出してみましょう。
　任天堂のホームページ、有価証券報告書などを見ると以下の強みが挙げられます。

- ポケモンやマリオなどの豊富な知的財産
- ハードソフト一体のビジネス展開（自社開発ソフト率が高い）
- 玩具店などの流通チャネルとの良好な関係性
- テレビなどメディア連携力
- ファブレス型の生産体制
- ゲーム開発サードパーティーとの関係性

　これらの強みを活かすことで、2016年にはポケモンGOの世界的なヒットにつながりました。
　ポケモンGO単体における任天堂の収益貢献はごく僅かと聞

きますが、ポケモンキャラクターが活性化したことによる自社ビジネス領域への好影響が期待できると考えます。

2017年3月には新型ゲーム機「スイッチ」が発売されました。3月ひと月で274万台（世界）販売されています。Wiiの実績を超え、年間2000万台を超えるという期待も高まっています（Wiiは2008年に1861万台）。

この成功から何が言えるのでしょうか？

スイッチのヒット要因は、携帯市場と据え置き型市場の両方を狙えるという特性にあるようです。ゲームのプレイスタイルには以下の3つがあります。

① テレビとつないだ据え置き型
② テーブルモード
③ コントローラを本体に装着した携帯型

USJでも任天堂の新しいアトラクションの建設が予定されています。スイッチを持参して遊んでもらう仕組みもあるようです。スイッチと連動した様々な楽しみ方はスマホ一辺倒であったコンセプトに一石を投じていると言えるでしょう。

自宅にモニターを持たない単身世帯にも対応していることも成功要因の1つとして考えられます。

内閣府の実施する2017年消費動向調査によると、カラーテレビの普及率は、世帯主年代「29歳以下」では85.5％ということ

です。30〜59歳以下60歳以上世帯で95％と10ポイントの開きがあります。

そうしたスマホ動画を楽しむ若者にもスイッチは、テーブルモードと携帯型でゲームを楽しむことができます。

3万円を切る価格設定も魅力を高めている一因と言えます。ハードが普及すればゲームソフトの売上を牽引していきます。任天堂のこれまでのビジネスモデルに乗ることができます。

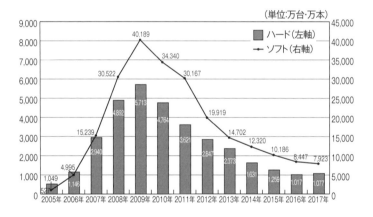

上図は、任天堂HPからデータを収集し、グラフを作成したものです。これまでの任天堂はハードとソフト両面で販売数量を増やすことによって成長してきたことがわかります。

任天堂のマーケティング課題は、自宅でスマホアプリゲームをする人が多い中で、スマホにはない遊び方の多様性と、リアルとバーチャルの橋渡しをする専用機の価値を提供することにあります。

　Wiiの時代とは異なり、ゲームをする顧客が多用化し、テレビがある人もいれば、ない人もいる。ヘビーユーザーほどゲームに夢中になっていないミドルユーザーやライトユーザーを取り込むためには、多様な遊び方に対応することが求められているということです。

2　弱みが脅威とならないためにやるべきこと

反対に任天堂の弱みとしては、以下が挙げられます。

・他社ソフトメーカーとの連携の弱さ
・北米市場での地位低下
・ゲームヘビーユーザーからの支持の弱さ

　この中で任天堂の最大の危機をもたらす弱みは、3番目の「ヘビーユーザーからの支持の弱さ」と考えます。PS4が優れた映像技術、音声技術によってヘビーユーザーからの支持を集めているのに対して、スイッチはどちらかというとミドルユーザー、ライトユーザーを狙っているものです。

　安定的な需要を確保するためには、ヘビーユーザーからも一定の支持を集めたいところです。

ここにどのように対応すべきかがもう1つのマーケティング課題と言えます。
　豊富なコンテンツを活用したキャラクタービジネス展開による長期ロイヤルユーザーの育成や、有力・有望サードパーティーとの関係を強化（M&A、協業など）し、ヘビーユーザーにとっても魅力の高いゲームの開発が考えられます。

▶19 戦略を立案する

　戦略には基本的なパターンがいくつかあります。本書の最後に戦略の枠組みについて解説をしたいと思います。

1　戦略の基本パターンは3つある

　競争戦略の大家であるアメリカの経営学者マイケル・ポーターは企業のとる戦略には、コストリーダーシップ戦略、差別化戦略、集中戦略の3つがあると説いています。

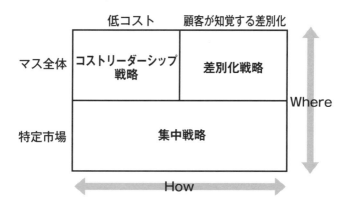

　この体系は企業のとるべき戦略を、市場のどこを狙うかという軸（Where）と、どのように利益を創出するかという軸（How）で分類したものです。

<u>コストリーダーシップ戦略</u>は、業界でシェア No.1 の企業が採用する戦略です。生産量はコスト低減に影響を与えるという考えが根底にあります。同一の商品を数多く製造することによって 1 製品当たりの原価を減少させる効果があるということです。原材料は大量仕入れすることによってコストを低減することができますし、これまでの生産数量（累積生産量）が多くなれば経験効果が発揮されるので、様々な工夫がなされ低コストで製造できるようになるということです。ですから業界内でシェアが一番多い企業は、他のどの企業よりも低コストで製造することが可能となります。

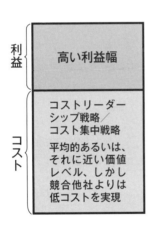

業界シェア No.1 の企業は低コストで製品を製造できるので、他の一般的な企業と同じ価格帯で販売したとしても高い利益幅をとれるということになります。

ですから業界シェア No.1 の企業は、価格に対して常に主導権

を握ることができるのです。

　では業界シェアが２番手以下の企業はどのように事業展開したら良いのでしょうか？

　顧客が知覚する**差別化戦略**か、特定の市場に特化して事業展開する**集中戦略**が選択肢となります。

　差別化戦略は、顧客が認識する価値を高めて、一般的な企業の製品よりも高価格であっても購入してもらうことにあります。顧客は価値を認めれば多少高くても購入してくれます。

　例えばプレミアムビールが該当します。通常のビールよりもリッチな味わいと気分を得ることができるため人々はプレミアムビールを購入するのです。プレミアムビールを製造するには一般製品よりも高コストになりますが、その分高い価格によって利益水準を高めるという考え方になります。

	平均的な価格	プレミアム価格
利益：高い利益幅	低い利益幅	高い利益幅
コスト：コストリーダーシップ戦略／コスト集中戦略　平均的あるいは、それに近い価値レベル、しかし競合他社よりは低コストを実現	一般の企業　差別化できていない　貧弱なコスト・マネジメント	差別化戦略　付加価値創造企業　競合他社と比較して高コスト、高価格

最後の集中戦略は特定の市場に特化することで顧客に提供価値を高めるという戦略です。ビールでいえば健康意識の高い顧客層に集中して、カロリーの低めなビールを投入するという戦略となります。

　自動車でいえば、コストリーダーシップはトヨタということになります。トヨタは世界的にも年間の自動車生産量で常にトップクラスです。たくさんの自動車を製造するので、原材料を安くすますこともできますし、製造する技術も高く効率的な生産体制をとることができます。他の自動車メーカーよりも安価に製造することができるので、利益率も高めることができるのです。

　アイサイトなど独自の技術を有しているSUBARU（旧富士重工業）は差別化戦略と言えます。安心安全というイメージを提供することができます。多少価格が高くともSUBARUの技術を認めている顧客は購入してくれます。軽自動車に特化しているスズキは集中戦略をとっています。また富裕層向けに経営資源を集中させているBMWやベンツなども同様に特定市場を対象としている集中戦略と言えます。

　このほかにも戦略論には多くの考えがありますが、ベースとなっているのはポーターの3つの戦略になります。

2　任天堂の戦略展開

　では任天堂はどの戦略をとるべきでしょうか？
　WiiやDSで一世を風靡した時代はコストリーダーシップ戦略が有効でした。

ただ現在ではスマホアプリに押されており、単純に低価格だけでは勝負をすることができません。
　マーケティング課題である、「スマホにはない遊び方の多様性と、リアルとバーチャルの橋渡しをする専用機の価値を提供する」を解決するには、差別化戦略が有効と言えます。
　資産とも言えるゲームキャラクターを有効に活用し、ユニークな形態のハードを使って、新たなゲームシーンを創造する戦略をとるべきと考えます。

　PS4は、主にゲームのヘビーユーザーに先進技術を用いた最高品質の画像と音声で、臨場感あふれるゲームを提供しています。
　一方でスイッチは、ミドルユーザー、ライトユーザー向けになじみの深いキャラクターや使い勝手の良いツールや操作方法でこれまでにないゲーム体験を提供するという差別化戦略をとっています。

　これらは直接ライバルのソニーやマイクロソフトとも異なる位置づけですが、スマホゲームとも異なる価値を提供することが可能と言えます。
　他社との違いを明確にして市場における確固たる地位を築いていくことでしょう。

　本書の執筆段階ではスイッチは発売後数カ月しか経っていませんが、今のところの戦略展開は有効に機能していると考えられます。今後のゲーム業界の動向を注視しつつ、戦略について考えていくと興味深いと思います。

おわりに

　最後までお読みいただき誠にありがとうございました。

　数字を活用する効果を感じていただけたと思います。数字や統計というキーワードに苦手意識を持っている方も抵抗感なく読み進めることができたと思います。

　ほんの少しの統計知識を身につけ、数字から何を感じるかという想像力を働かすことによって、仕事のパフォーマンスは大きく変わっていくと思います。

　数字は嘘をつきません。だからと言って数字だけを追求しろとは言っていません。

　数字に慣れ親しんで、そこから何が言えるのか、仮説を立て、検証していくことを実務で実践してみてください。

　きっとこれまでとは違った成果を実感できると思います。

　本書の内容が皆さまのお仕事にお役に立つことを祈念しています。

蛭川　速

データ分析スキルを身につけ、有効活用できるスキルを提供する

株式会社 フォーカスマーケティング

こんなことにお困りでは、ないでしょうか？
- 社内に豊富にある価値あるデータを、有効活用できずに放置している
- 数字による説明ができる社員が少ない
- 意思決定が主観的で組織合意が得られにくい
- データ根拠ある施策を展開したいが、どのように情報収集するか分からない
- 企画が「思いつき」や、「ひとりよがり」のものと言われることが多い
- 施策や戦略へどのように構築したら良いか分からない

原因は、**組織的な数字リテラシーの低さ** にあります

■ フォーカスマーケティングにお任せください！

データ分析支援	貴社内にあるデータの活用方法、収集システム、運用プロセスを設計・構築します。
社員研修会	データの収集、分析、考察までの基本スキルを解説します。貴社データを使った演習も可能です。
マーケティング企画支援	新商品企画や販促企画、ブランドマネジメント、新事業企画立案をサポートします。

ご相談は、以下までお問い合わせください。

株式会社フォーカスマーケティング
http://www.focusmarketing.co.jp/
電話：050-3719-6360　　　メール：info@focusmarketing.co.jp

■著者略歴

蛭川 速（ひるかわ・はやと）

株式会社フォーカスマーケティング代表取締役。中小企業診断士。
1969年生まれ、1991年、中央大学商学部卒業。㈱常陽銀行に入行。中小企業向け金融業務に携わり企業経営の基本を学ぶ。多くの経営者とふれあうことにより「金融を含めた経営全般、事業活動」に興味を抱く。企業のマーケティング支援活動を行う㈱マーケティング研究協会に転職。上場企業を中心とした大手企業のマーケティング部門、企画部門への商品企画や販促企画のコンサルティング案件に携わる。2012年5月から現職。
マーケティング支援20年の経験を活かして、実務で活かせるマーケティング戦略を提唱している。マーケティング実務支援コンサルティングとマーケティングリサーチ支援を行っている。ビジネスセミナーや企業研修講師としても活躍。「マーケティングは仮説設定が全て」を信条として、定量データから仮説を設定するプロセスを構築。世の中に氾濫する多くの情報の中からビジネス活動に役立つ価値ある情報を見極め、データの意味している事や、背景、要因を読み解き、施策へ展開する手法を考案。企業実務での支援活動に注力している。
フォーカスマーケティングHP（http://www.focusmarketing.co.jp）ではヒット商品の要因分析や社会環境変化に対する考察、世代研究などマーケティングに役立つ情報を定期的に発信している。
著書に『使えないとアウト！30代からはマーケティングで稼ぎなさい』（明日香出版社）、『マーケティングに役立つ統計の読み方』（日本能率協会マネジメントセンター）、『よくわかるExcelデータ分析の入門』（FOM出版）がある。

本書の内容に関するお問い合わせ
明日香出版社 編集部
☎(03) 5395-7651

使えないとアウト！ 30代からは統計分析で稼ぎなさい

2017年 9月 19日 初版発行

著 者 蛭川 速
発行者 石野 栄一

明日香出版社

〒112-0005 東京都文京区水道2-11-5
電話 (03) 5395-7650（代 表）
   (03) 5395-7654（FAX）
郵便振替 00150-6-183481
http://www.asuka-g.co.jp

■スタッフ■ 編集 小林勝／久松圭祐／古川創一／藤田知子／田中裕也／生内志穂
営業 渡辺久夫／浜田充弘／奥本達哉／平戸基之／野口優／横尾一樹／関山真保子／藤本さやか 財務 早川朋子

印刷 株式会社文昇堂
製本 根本製本株式会社
ISBN 978-4-7569-1927-4 C0034

本書のコピー、スキャン、デジタル化等の無断複製は著作権法上で禁じられています。
乱丁本・落丁本はお取り替え致します。
©Hayato Hirukawa 2017 Printed in Japan
編集担当 田中裕也

使えないとアウト！
30代からはマーケティングで稼ぎなさい

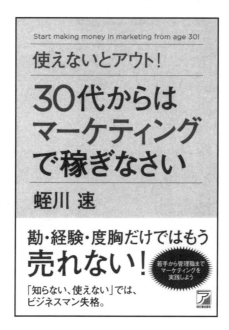

蛭川 速 著
ISBN978-4-7569-1845-1
本体1500円+税　B6並製　256ページ

ビジネス実務に役立つマーケティングの考え方、活用方法を身につけることができます。
知識を得るための一般的なマーケティング本ではなく、実戦で活用することを念頭に置いて構成。基本的な知識を得たうえで、マーケティングを使いこなすための思考法と情報収集・分析スキルを解説します。